Philipp Schlösser

# Fußballklubs als Global Player

AF617865

Philipp Schlösser

# Fußballklubs als Global Player

## FC Barcelona, Real Madrid, Manchester United

Tectum Verlag

Philipp Schlösser

Fußballklubs als Global Player
FC Barcelona, Real Madrid, Manchester United
© Tectum Verlag Marburg, 2011
ISBN: 978-3-8288-2787-5

Umschlagabbildung: photocase.com © lenipopeni
Umschlaggestaltung: Norman Rinkenberger | Tectum Verlag
Printed in Germany
Alle Rechte vorbehalten

Besuchen Sie uns im Internet
www.tectum-verlag.de

**Bibliografische Informationen der Deutschen Nationalbibliothek**
Die Deutsche Nationalbibliothek verzeichnet diese Publikation in der Deutschen Nationalbibliografie; detaillierte bibliografische Angaben sind im Internet über http://dnb.ddb.de abrufbar.

# Inhaltsverzeichnis

## Abkürzungsverzeichnis

| | | |
|---|---|---|
| Barca | - | FC Barcelona |
| ca. | - | circa |
| EFF | - | Erfolgsfaktorenforschung |
| ehem. | - | ehemalig |
| e.g. | - | exempli gratia |
| etc. | - | et cetera |
| i.d.R. | - | in der Regel |
| k.A. | - | keine Angabe |
| ManuUtd. | - | Manchester United FC. |
| o.ä. | - | oder ähnliches |
| o.V. | - | ohne Verfasser |
| Real | - | C.F. Real Madrid |
| usw. | - | und so weiter |
| u.a. | - | unter anderem |
| vgl. | - | vergleiche |
| VIP | - | Very Important Person |

# Abbildungsverzeichnis



# Tabellenverzeichnis

# 1 Einführung

## 1.1 Einleitung

Der Fußball hat sich in den letzten Jahrzehnten in Europa zu einem Massenphänomen entwickelt. In Europa ist Fußball die mit Abstand beliebteste Sportart im Fernsehen (UPC, 2006). Die Fußball-WM 2006 in Deutschland wurde von kumulierten 5,3 Milliarden Menschen in Europa und 26,3 Milliarden Menschen weltweit im Fernsehen verfolgt (FIFA, 2007).

Passiver Fußballkonsum nimmt demnach eine zentrale gesellschaftliche Rolle ein. Der Fußball bewegt die Menschen weltweit in einem Maße, wie es sonst keiner anderen gesellschaftlichen Institution gelingt. Neben der großen Anzahl an Zuschauern vor Ort, erreichen vor allem Fußballgroßereignisse wie beispielsweise die UEFA Champions League oder die Europa- bzw. Weltmeisterschaft, mittels medialer Multiplikatoren wie TV, Print oder Internet, weltweit mehrere Milliarden Fußballinteressierte.

Durch den enormen Anstieg der Nachfrage nach passivem Fußballkonsum und die damit einhergehende Verzahnung mit Wirtschaftsunternehmen sowie den Medien, haben sich die Einkünfte der Vereine in den letzten Jahrzehnten vervielfacht. Dieser Trend lässt sich nicht nur in Deutschland beobachten, sondern manifestiert sich besonders in den fünf europäischen Kernmärkten England, Spanien, Italien, Deutschland und Frankreich (Ernst & Young, 2005).

Als Folge hieraus ergibt sich eine fortschreitende Professionalisierung der Vereine sowohl im sportlichen Bereich als auch in der wirtschaftlichen Ausrichtung. Fußballvereine entwickeln sich zunehmend zu Fußballunternehmen, die - neben der Beachtung zahlreicher Besonderheiten der Fußballbranche - verstärkt nach allgemeingültigen betriebswirtschaftlichen Prinzipien agieren. Die 20 wirtschaftlich einkommensstärksten Vereine Europas haben in der Saison 2007/2008 ein Einkommen zwischen 104 Mio. Euro und 365,8 Mio. Euro generiert (Deloitte, 2009) und sind gemessen am Umsatz als Großunternehmen anzusehen (Hutzschenreuter, 2009).

Als ein wichtiges Ziel eines betriebswirtschaftlich geführten Unternehmens ist die Steigerung des Einkommens anzusehen. Eine von vielen Möglichkeiten stellt dabei die Markterweiterung im Ausland dar. In vielen Unternehmen steht die sogenannte Internationalisierung an der Tagesordnung. Analog hierzu ist seit einigen Jahren zu beobachten, dass auch Fußballvereine diese Chance wahrnehmen (Richelieu, 2006). Insbesondere die europäischen Spitzenvereine suchen verstärkt nach Vermarktungsmöglichkeiten im Ausland, um zusätzliche Einnahmequellen für sich zu gewinnen. Der Verkauf von Übertragungsrechten sowie der Absatz von Merchandising-Artikeln in ausländischen Märkten sind mit zusätzlichen Einnahmen für die Clubs verbunden. Lag der Fokus dieser Aktivitäten in den vergangenen Jahrzehnten noch auf nationaler Ebene, gewinnt das Thema Auslandsvermarktung gegenwärtig stark an Bedeutung. Diese Ansicht wird durch die folgende Aussage unterstützt:

> „As further increases in domestic market income become more and more difficult to realise, international markets will become increasingly important and may well be the next key differentiator between clubs."
>
> (Deloitte, 2005, S.5)

Der englische Premier-League-Club Manchester United ist als einer der Vorreiter von Internationalisierungsmaßnahmen zu nennen. Bereits in den 1990er Jahren tourte der Club durch Asien und Nordamerika, um auf sich aufmerksam zu machen. Heute ist die internationale Ausrichtung fest in der Geschäftsstrategie des englischen Topclubs verankert (Hill, 2006). Der spanische Club Real Madrid steht in Partnerschaft zu global agierenden Unternehmen wie Audi, Adidas oder Coca Cola, um die eigene Marke international zu positionieren. Der FC Barcelona hat neben der Zusammenarbeit mit internationalen Unternehmen auch eine sehr erfolgreiche Partnerschaft mit der globalen Organisation UNICEF und unterstreicht damit das soziale Engagement des Clubs (Schlösser, 2009).

Die deutschen Vereine folgen den europäischen Topclubs, die sich schon seit längerem eingehend mit der Internationalisierung beschäftigen. So gründete der FC Bayern München im Jahr 2003 zusammen mit Adidas ein Joint Venture, das den Verein exklusiv in Japan vertreten soll. Zusätzlich zu den genannten Beispielen ergreifen die Vereine viele weitere Maßnahmen, um Ihren Verein bzw. Ihre Marke international zu etablieren.

Auch das Umfeld bzw. die Ligen, in denen die Vereine spielen, bekräftigen die zukünftige Relevanz der Expansion der Vereine ins Ausland. In Deutschland ist die DFL (Deutsche Fußball Liga GmbH) für die Koordination des Spielbetriebs der 36 Bundesligavereine zuständig. Die Tochterfirma Sports Enterprises GmbH wurde explizit gegründet, um die Auslandsvermarktung der Liga weiter voranzutreiben (DFL, 2009). Mit dem Verkauf der TV-Rechte für die Übertragung der 1. und 2. Bundesliga für die Saison 2009/2010 in bislang 130 Länder, erzielte die DFL-

Tochter im Vergleich zum laufenden Vertrag eine Steigerung von 40 Prozent auf gut 25 Millionen Euro pro Jahr (o. V., 2007). Der Vergleich zu anderen Top-Ligen in Europa zeigt jedoch, dass trotz der jüngsten Erfolge die Deutsche Bundesliga noch hinterherhinkt. Die englische Premier-League erwirtschaftete in der Saison 2007/2008, durch die Auslandsvermarktung der TV-Rechte, eine Summe von ca. 320 Millionen Euro und steht damit im europäischen Vergleich an der Spitze. Auch die spanische Primera Division sowie die italienische Serie A nehmen mit ca. 100 Millionen Euro pro Jahr deutlich mehr ein als die Deutsche Bundesliga (o. V., 2007). Demnach bleibt festzuhalten, dass auch die Ligen als Rahmeninstitutionen der Vereine das immense Potential der internationalen Märkte erkennen. Die dargelegten Fakten sprechen für die große Relevanz dieser Thematik und lassen die Prognose zu, dass sich der Internationalisierungstrend in der Fußballbranche zukünftig intensivieren wird.

## 1.2 Themeneingrenzung und Aufbau der Arbeit

Anknüpfend an das beschriebene Momentum des Fußballs innerhalb Europas, dem enormen Anstieg der Nachfrage nach passivem Fußballkonsum, der Transformation von bedarfswirtschaftlichen Vereinen zu erwerbswirtschaftlichen Unternehmen sowie der stets fortschreitenden Internationalisierung dieser Fußballunternehmen, soll durch die vorliegende Arbeit ein wissenschaftlicher Beitrag zu dem Thema: *„Erfolgsfaktoren der Internationalisierung europäischer Spitzenvereine im Fußball"* geleistet werden. Ziel ist es, am Beispiel der drei europäischen Spitzenclubs **FC Barcelona, Real Madrid C.F.** und **Manchester United FC.** verschiedene Ansätze der Internationalisierung darzustellen und mögliche Erfolgsfaktoren zu identifizieren. Diese Arbeit versteht sich insofern als Beitrag zur Sportökonomie dadurch, dass sie einen Erkenntnisfortschritt zur Übertragbarkeit klassischer betriebswirtschaftlicher Theorien auf den Sport leistet.

Während die Analyse der Internationalisierung von Unternehmen schon seit längerer Zeit ein fester Bestandteil der klassischen betriebswirtschaftlichen Forschung ist, sind wissenschaftliche Beiträge zur Internationalisierung von Fußballvereinen kaum vorhanden. Diese bestehende Forschungslücke soll teilweise geschlossen werden.

Wie bereits erwähnt, ist seit einigen Jahren zu beobachten, dass Fußballvereine sich aufgrund wandelnder Umweltbedingungen verstärkt zu erwerbswirtschaftlichen Betrieben entwickeln. Die Erörterung der wirtschaftlichen Professionalisierung wird der erste Schwerpunkt dieser Arbeit sein.

Neben einer Darlegung der häufig zu beobachtenden Transformation von Fußballvereinen zu Fußballunternehmen ist in einem darauffolgenden Schritt zu klären, welche Art von Leistungen Profi-Fußballclubs produzieren und bereitstellen. Aus einigen Ausführungen der Sportökonomie geht hervor, dass die Merkmale eines Fußballvereins am engsten mit denen von Dienstleistungsunternehmen verwandt sind (Teichmann, 2007). Diese Ansicht soll in Bezug auf professionelle Fußballvereine überprüft werden.

Einen weiteren Schwerpunkt der vorliegenden Arbeit stellen Erkenntnisse aus dem Markenmanagement dar. Die Marke rückt zunehmend in den Mittelpunkt des Interesses von Marketingwissenschaftlern, insbesondere im Zusammenhang mit Internationalisierungsstrategien (Meffert, 2000). Sie gewinnt als zentraler Werttreiber in nahezu allen Branchen zunehmend an Bedeutung und fungiert auf den sich global angleichenden Märkten als Unterscheidungsmerkmal gegenüber der Konkurrenz (Bieling, 2005). Seit einiger Zeit bezeichnen sich auch Sportvereine als Marken. Bernd Hoffmann (2001), Vorstandsvorsitzender des Hamburger SV, behauptet, *„die Markenbildung gehört zu den wichtigsten Aufgaben der Vereinsführung in den nächsten Jahren"*. Auch Karl-Heinz Rummenigge, Vorstandsvorsitzender des FC Bayern München, teilt diese Ansicht und spricht von der *„Brand FC Bayern München"* (Hoeneß, 2003). Die Bedeutung der Markenbildung ist demzufolge auch den Verantwortlichen des professionellen Vereinsfußballs bewusst. Ebenfalls in der Literatur finden sich Belege dafür, dass Fußballvereine besonders im Rahmen von Internationalisierungsaktivitäten als Marken verstanden werden (Hill, 2006; Holt, 2007; Richelieu, 2006 u. a.). Analog hierzu ist die Internationalisierung aus markenpolitischer Sicht für das Forschungsinteresse dieser Arbeit näher zu erörtern.

Da die zentrale Intention dieser Arbeit darin besteht, die Erfolgsfaktoren der Internationalisierung von Fußballclubs zu ermitteln, ist ein grundlegendes Verständnis der Erfolgsfaktorenforschung notwendig. Deshalb werden die für diese Arbeit wichtigen Aspekte dieser Forschungsmethode behandelt und beschrieben.

Nachdem die nötigen theoretischen Grundlagen geschaffen sind, erfolgt anschließend die empirische Untersuchung der drei europäischen Spitzenvereine. Hierbei werden die gewonnenen Forschungsergebnisse detailliert beschrieben und mögliche Erfolgsfaktoren aufgezeigt. Im Anschluss an eine ausführliche Darstellung der Ergebnisse, wird zum einen ein Fazit gezogen und zum anderen ein Ausblick auf zukünftige Entwicklungen gegeben.

# 2 Theorie

## 2.1 Wirtschaftliche Professionalisierung von Fußballvereinen

### 2.1.1 Begriffsbestimmung der Professionalisierung

Der Begriff *Professionalisierung* wurde in der deutschen Soziologie das erste Mal von Leopold von Wiese im Jahr 1924 verwendet. Von Wiese (1955, S. 334) versteht unter Professionalisierung *„die Entstehung und Festigung von Berufen zum Zweck des Aufbaus eines soliden Gebildezusammenhangs"*. Später greifen weitere Autoren diese Sichtweise auf, die die Professionalisierung als dynamischen Prozess mit fließenden Übergängen verstehen (Hartmann, 1972; Hesse, 1972).

Hortleder (1978) bezieht sich in seiner Definition erstmalig explizit auf den Sport, indem er *„Professionalisierung als Prozess der Verberuflichung des Hochleistungssports und Verwissenschaftlichung des gesamten Sports"* sieht. Darüber hinaus nennt er die Einbeziehung der sozialen Dimension durch ein enormes öffentliches Interesse - neben der Verwissenschaftlichung und der Verberuflichung - als das entscheidende Merkmal des Professionalisierungsprozesses an.

In der wissenschaftlichen Literatur sind ebenso einige Beiträge zum Professionalisierungsprozess im Fußball zu finden (Horch, 1999; Littkemann & Schewe, 2002). Da sich diese Arbeit als ein Beitrag zur Sportökonomie versteht, soll die Professionalisierung des Fußballsports aus ökonomischer Sichtweise beleuchtet werden.

Laut Beech (2004) durchlaufen alle Sportarten, die sich ein hohes Ansehen und das Interesse aus der ganzen Welt erarbeitet haben, ähnliche Entwicklungsphasen. Beech unterscheidet dabei zwischen sieben Entwicklungsphasen, die durch unterschiedliche Merkmale gekennzeichnet sind. Die ersten drei Entwicklungsphasen beziehen sich auf die Professionalisierung einer Sportart im Allgemeinen und sind für die Zielsetzung dieser Arbeit nur von geringer Relevanz. Aufgrund dessen werden sie im Folgenden nur kurz umschrieben.

Am Anfang jeder Sportart steht die *Gründung*, also der Ursprung eines Sports. Auf die Gründung folgt mit der *Kodifizierung* eine zweite Phase, in der die konstitutiven Regeln einer Sportart vereinbart und festgelegt werden. In der dritten Phase, der *Stratifikationsphase,* verschmelzen regionale Verbände zu einem Dachverband und es wird ein System aus mehreren Ligen mit Auf- und Abstieg eingeführt. Die Sportart bleibt jedoch Amateursport. Nach der dritten Phase erfolgt innerhalb der vierten Phase die *Professionalisierung* der Sportart. Diese Phase ist dadurch gekennzeichnet, dass Besucher von Sportveranstaltungen dazu bereit sind, für den Eintritt zu bezahlen. Darüber hinaus beginnen Investoren, die Vereine finanziell zu unterstützen. Das markanteste Merkmal der *Professionalisierung* ist allerdings die monetäre Vergütung der Sportler. Mit der Möglichkeit, einen Sport als Vollzeitberuf auszuüben, ist die Entwicklung vom Amateur- zum Profi-Status abgeschlossen (Beech, 2004). In Deutschland kam es im Zuge der Einführung des Lizenzspielerstatus im Jahr 1963 dazu, dass es Fußballvereinen offiziell genehmigt wurde, Spielergehälter zwischen 250 DM und 1200 DM monatlich zu zahlen (Hortleder, 1978). Der Phase der *Professionalisierung* folgt die *Post-Professionalisierung,* in der sich ein professioneller Spielbetrieb entwickelt, der von einem unterklassigen Amateursport begleitet wird. In England, Spanien und Deutschland bilden die 1. und 2. Liga den Bereich des professionellen Fußballs. Diese Profiligen werden von einer Vielzahl von Amateurligen begleitet.

Es muss an dieser Stelle deutlich auf den Unterschied der Professionalisierung einer Sportart im Allgemeinen und der Professionalisierung des Managements der Sportvereine im Speziellen hingewiesen werden. Während erstere im Fußballsport - wie beschrieben - schon vor mehr als 40 Jahren in Deutschland stattgefunden hat, ist der Strukturwandel innerhalb der Vereine hin zu Unternehmensstrukturen erst deutlich später zu beobachten gewesen.

Eine wichtige Voraussetzung für diese Entwicklung ist die *Kommerzialisierungsphase*. In dieser Entwicklungsphase erkennen die Vereine, als Teilelemente einer Sportart, die ökonomischen Potenziale des Sports und der damit verbundenen Möglichkeit, diese kommerziell für sich zu nutzen. In den Bereichen Marketing, Sponsoring und Merchandising entstehen Geschäftsbeziehungen zwischen Vereinen und Unternehmen. Die sich daraus ergebende Folge ist, dass Umfang und Komplexität der Managementaufgaben stark zunehmen. Ein weiteres Merkmal der Kommerzialisierungsphase ist der Anstieg des finanziellen Rahmens, in dem sich die Vereine bewegen. Diese neuen Dimensionen stellen die Vereine vor neue Herausforderungen. Um diese Situation adäquat zu bewältigen, ist in vielen Proficlubs zu beobachten, dass eine Umstrukturierung vom traditionellen Vereinsgefüge hin zu Unternehmensstrukturen stattfindet (Littkemann & Schewe, 2002). Die Umfänge wirtschaftlicher Fragestellungen in einem Verein sorgen dafür, dass der Managementprozess immer differenzierter und damit professioneller angegangen werden muss.

Die letzte Entwicklungsphase einer Sportart ist nach Beech die *Post-Kommerzialisierungsphase*. Diese Phase ist von Stabilität und leichtem Wachstum der Vereine geprägt. Durch die Verzahnung mit der Wirtschaft ergibt sich eine höhere Abhängigkeit von externen Finanzströmen. Dieses hat zur Folge, dass die Vorhersehbarkeit der Einkünfte von höherer Unsicherheit ist (Beech, 2004).

Es kann argumentiert werden, dass die Fußballbranche in den europäischen Kernmärkten bereits in diese Entwicklungsphase eingetreten ist. Die fortschreitende Kommerzialisierung hat bei den dieser Untersuchung zugrunde liegenden Vereinen innerhalb der letzten zwei Jahrzehnte zu einer recht immensen Steigerung des Einkommens geführt (Deloitte, 2005). In diesem Zusammenhang kann zudem angeführt werden, dass die 20 einkommensstärksten Vereine Europas in der Saison 2007/2008 im Vergleich zu Saison 1997/1998 in der Summe das Dreifache an Umsatz generiert haben (Deloitte, 2009). Mittlerweile ist jedoch zu beobachten, dass das Wachstum langsam schwächer wird und die europäischen Kernmärkte sich mehr und mehr sättigen (Dietl & Franck, 2007). Die sich daraus ergebende Konsequenz ist eine zunehmende Fokussierung der Vereine auf ausländische Märkte.

Die Darstellung der Entwicklungsphasen einer Sportart nach Beech (2004) hat gezeigt, dass der Fußball in europäischen Kernmärkten wie England, Spanien oder Deutschland bereits in der Kommerzialisierungsphase bzw. sogar in der Post-Kommerzialisierungsphase angekommen ist. Weiterhin konnte festgestellt werden, dass die Vereine vor ständig neue Herausforderungen gestellt wurden und sich dadurch weiterentwickelt haben. Diese Transformation vom Verein zum wirtschaftlich geführten Unternehmen wird im nachfolgenden Abschnitt aus wissenschaftlicher Sicht betrachtet.

### 2.1.2 Von Vereinsstrukturen zu Unternehmensstrukturen

In vielen Sportvereinen ist, durch die Professionalisierung, ein Wandel von Solidargemeinschaften zu Dienstleistungsunternehmen zu beobachten (Troisen, 1994). Durch die enorme Kommerzialisierung des Fußballmarktes in den vergangenen Jahrzehnten manifestiert sich diese Transformation besonders bei führenden Fußballvereinen innerhalb Europas (Deloitte, 2008). *„Die Professionalisierung bedeutet für die Sportvereine den Eintritt in den ökonomischen Wettbewerb untereinander und zu anderen Sportanbietern"* (Troisen, 1994). Die veränderten Rahmenbedingungen führen zu neuen Finanzierungskonzepten, wie z. B. Sponsoring oder Merchandising, aber auch zur Diversifikation in neue Geschäftsfelder oder zur

Kooperation mit externen Vermarktern, zur Generierung von neuem Know-how und Kapital (Rohlmann, 2000).

**Rechtsform**

Derweil kommt immer häufiger die Frage auf, welche Rechtsform für Clubs des Profi-Fußballs geeignet ist. Die Erträge der untersuchten europäischen Spitzenvereine liegen im Durchschnitt bei 294,1 Mio. Euro und sind daher mit den Einkünften von mittelständischen Wirtschaftsunternehmen vergleichbar. Aus dieser Tatsache ergibt sich besonders für die Vereinsführung die Forderung, dass Vereine genau so wie Unternehmen zu führen sind. Diese Ansicht findet zudem in der wissenschaftlichen Literatur Zuspruch (Woratschek, 1999).

Sigloch (2001) hat sich mit dieser Thematik beschäftigt und die Gemeinsamkeiten und Unterschiede von Vereinen und Unternehmen gegenübergestellt. Er kommt dabei zu dem Ergebnis, dass anhand der von ihm herangezogenen Merkmale *„Zweckgebilde, Funktionseinheit, Markteinbindung, Preisgestaltung und Rechtsform"* keine eindeutige Grenzziehung zwischen Sportverein und Unternehmen möglich ist. Er kommt in seiner Untersuchung zu dem Schluss, dass es aus theoretischer Sicht und auch in der Praxis keine grundsätzlichen Unterschiede, sondern eher einen fließenden Übergang zwischen den Institutionen Sportverein und Unternehmen gibt (Sigloch, 2001).

Die Entfaltung eines traditionellen Vereins hin zum Unternehmen kann anhand der Zielsetzung der Vereine aufgezeigt werden. In der Vergangenheit verfolgten die Vereine eindeutig das Ziel der Nutzenmaximierung im Sinne des sportlichen Ergebnisses. Alle Bestrebungen der Vereine waren auf den höchstmöglichen Erfolg ausgerichtet. Die Einbeziehung wirtschaftlicher Aspekte erfolgte nur am Rande. Diese Grundhaltung hat sich in der letzten Zeit stark gewandelt und dazu geführt, dass wirtschaftliche Belange einer wachsenden Priorität unterliegen. In Folge dessen kommt immer häufiger die Behauptung auf, dass die ökonomischen Ziele eines Vereins die sportlichen Ziele dominieren oder zumindest als strenge Nebenbedingungen einen Rahmen für den sportlichen Erfolg bilden (Schewe & Littkemann, 2002). Die Pflicht eines professionellen Fußballvereins zu ökonomischem Handeln wird in Deutschland besonders durch die von der Deutschen Fußball Liga GmbH durchgeführte Lizenzierung deutlich (DFL, 2004b). Um für die Teilnahme der deutschen Lizenz-Ligen zugelassen zu werden, muss ein Verein die erforderlichen Bedingungen gemäß der Lizenzierungsordnung erfüllen. Dazu gehört unter anderem die Erfüllung finanzieller Kriterien. Erst wenn die wirtschaftlichen Zielvorgaben erfüllt sind, kann sich ein Verein auf die sportlichen Ziele konzentrieren.

Aus der Debatte, ob die Vereine des Profifußballs primär sportliche oder wirtschaftliche Ziele verfolgen, ergibt sich die Frage der juristischen Eignung der Rechtsform des eingetragenen Vereins. Durch das finanzielle Volumen eines europäischen Top-Clubs und der Absicht, Gewinne zu erzielen, kann es zu einem Konflikt mit der jeweiligen Gesetzgebung kommen. In Deutschland z. B. zu einer Überschreitung des im BGB geregelten Nebenzwecksprivilegs[1].

Eine Umwandlung der Rechtsform ist allerdings nicht nur aus juristischer, sondern vor allem aus betriebswirtschaftlicher Perspektive erforderlich. So ist für die Vereine vor allem die verbesserte Möglichkeit der Kapitalbeschaffung ein wichtiges Motiv für den Wandel der Rechtsform.

Die Rechtsform einer Kapitalgesellschaft ermöglicht den Vereinen die Gelegenheit der Außenfinanzierung durch Beteiligungs- oder Fremdkapitalfinanzierung. Dabei ist allerdings zu beachten, dass zusätzliches Kapital nur mobilisiert werden kann, wenn den potentiellen Kapitalgebern die Einlage attraktiv, d. h. im Regelfall rentabel, erscheint. Während beim eingetragenen Verein die zentrale Zielsetzung in der Liquiditätssicherung liegt, rückt bei einem Wandel in eine Kapitalgesellschaft die Rentabilität in den Fokus der Bestrebungen (Sigloch, 2001). In Deutschland ist ein Wechsel der Rechtsform vom eingetragenen Verein hin zur Kapitalgesellschaft seit 1998 eingeschränkt möglich (Schewe & Littkemann, 2002). Bis zu diesem Zeitpunkt setzte die beschriebene DFB-Satzung für die Erteilung einer Lizenz den auf Gemeinnützigkeit beruhenden eingetragenen Verein als Rechtsform voraus. Durch die Änderung der DFB-Satzung besitzen die Vereine der Deutschen Bundesliga nun die Möglichkeit, die Lizenzspielerabteilung in eine *Tochtergesellschaft* auszugliedern. Maßgeblich hierfür ist allerdings die Vorgabe, dass der Mutterverein nach der Ausgliederung weiterhin bestehen bleibt und eine Mehrheit der Stimmrechte innehält (50-plus-1-Regel). Der DFB ermöglicht den Vereinen bzw. Gesellschaften eine Umwandlung in die Kapitalgesellschaftsformen der Aktiengesellschaft (AG), Gesellschaft mit beschränkter Haftung (GmbH) sowie einer Kommanditgesellschaft auf Aktien (KGaA) und ihre Mischform (GmbH & Co. KGaA) (DFB, 2006).

---

1 Bei Idealvereinen deren Zweck nicht auf einen wirtschaftlichen Geschäftsbetrieb gerichtet ist (§ 21 BGB), darf eine wirtschaftliche Betätigung nie den ideellen Hauptzweck überwiegen.

**England**

Die rechtlichen Rahmenbedingungen in Deutschland unterscheiden sich von denen in England deutlich. In England wird der rechtliche Rahmen des Spielbetriebs in der Premier-League durch den Dachverband Football Association (FA) geregelt. Dieser überlässt die Wahl der Rechtsform schon immer den Clubs (Zacharias, 1999). In Folge dessen sind seit 1982 alle Premier-League-Clubs Kapitalgesellschaften und als GmbH oder AG organisiert (Malatos, 1988). Die Pionierrolle der englischen Fußballclubs wird durch die folgende Aussage von Harverson bestärkt „(...) *in the sphere of business and investment it is showing the rest of the world the way*" (Harverson, 1997).

**Spanien**

In Spanien wurde 1992 von den verantwortlichen Institutionen beschlossen, dass alle Fußballclubs sowie Basketballclubs der höchsten Spielklasse in die Rechtsform einer sogenannten Sociedad Anonima Deportiva - einer sportlichen Aktiengesellschaft - umzuwandeln sind. Die bis dahin klassische Rechtsform des Club Deportivo Basico, vergleichbar der eines eingetragenen Vereins, ist nur noch in Ausnahmefällen erlaubt (Opitz, 2003).

Zu diesen Ausnahmen zählen die in dieser Arbeit untersuchten Vereine FC Barcelona und Real Madrid, die beide bislang noch nicht in Aktiengesellschaften umgewandelt wurden. Als Begründung für den Verzicht einer Umstrukturierung in eine Aktiengesellschaft ist die damit verbundene Kommerzialisierung des Fußballs zu nennen, die mit dem Traditionsbewusstsein der Katalanen und Madrilenen nicht vereinbar sei. Dieses Argument wirkt, aufgrund der führenden wirtschaftlichen Stellung der Vereine, ein wenig merkwürdig. Zwar sind die Clubs weiterhin als eingetragene Vereine organisiert, stehen im Kommerzialisierungsprozess aber dennoch weit vorne.

Tabelle 1: Rechtsformen ausgewählter Vereine in der Saison 2007/2008 (Darstellung aus eigener Recherche).

| Vereine | Rechtsform |
|---|---|
| **Manchester United FC.** | **Public Limited**<br>Aktiengesellschaft |
| **Real Madrid C.F.** | **Club Deportivo Basico**<br>eingetragener Verein (e.V.) |
| **FC Barcelona** | **Club Deportivo Basico**<br>eingetragener Verein (e.V.) |

Anhand dieser Ausführungen wird deutlich, dass eine Professionalisierung im europäischen Fußball stattgefunden hat. Die meisten Vereine der europäischen Top-Ligen in England, Spanien und Deutschland haben sich hinsichtlich der Rechtsform nach zu klassischen Unternehmen entwickelt.

**Professionalisierung des Aufgabenvollzugs**

Der Strukturwandel vom traditionellen Vereinsgefüge zum Wirtschaftsunternehmen ist einerseits durch den Wechsel der Rechtsform erkennbar, andererseits auch durch die Spezialisierung des Aufgabenvollzugs. In Vereinen mit hohem Professionalisierungsgrad sind die Vorstände hauptamtlich beschäftigt und für die sportliche bzw. kaufmännische Führung des Clubs verantwortlich (Schewe & Littkemann, 2002). Um die immer komplexer werdenden wirtschaftlichen Aufgaben in einem Verein bewältigen zu können, sind diese darauf angewiesen, eine adäquate Managementstruktur zu schaffen (Sigloch, 2001). Aus diesem Grund wird immer mehr professionelles Personal nötig, das sich differenziert mit der Bewältigung betriebswirtschaftlicher Probleme auseinandersetzt. Aufgaben, die früher von einer Person bewältigt wurden, werden heute von einer ganzen Abteilung bearbeitet. Um diese Entwicklung besser zu veranschaulichen sowie einen Zusammenhang mit der Untersuchung dieser Arbeit herzustellen, wird in Abb. 1 ein Organigramm der Marketingabteilung des FC Barcelona vom Steptember 2008 dargestellt.

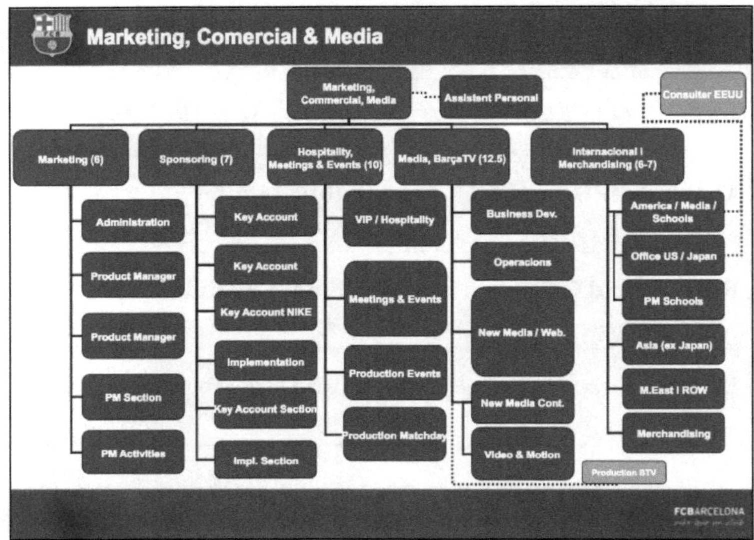


Abb. 1: Organigramm der Marketingabteilung des FC Barcelona (Vereinsdaten, 2008).

Anhand dieses Organigramms ist zu sehen, dass der Bereich Marketing aus fünf Abteilungen mit insgesamt 42 Mitarbeitern besteht (Schlösser, 2009). Neben den klassischen Bereichen Marketing, Sponsoring und Merchandising unterhält der FC Barcelona ebenfalls eine Abteilung, die sich speziell mit der Internationalisierung des Vereins auseinandersetzt. Während vor einigen Jahren die Auslandsvermarktung nur am Rande und durch übergeordnete Abteilungen verfolgt wurde, wird dieser Geschäftsbereich in den letzten Jahren immer intensiver fokussiert. Es findet dementsprechend auch in diesem Bereich eine Differenzierung und somit eine Professionalisierung des Aufgabenvollzugs statt. Es ist jedoch darauf hinzuweisen, dass diese Entwicklung verstärkt bei den Spitzenclubs des europäischen Fußballs zu beobachten ist und kleinere nationale Profivereine diese kaum aufzeigen.

Nach Beleuchtung der Professionalisierung und Kommerzialisierung im Fußballsport bleibt festzuhalten, dass es in der heutigen Zeit gerechtfertigt erscheint, von Fußballunternehmen anstelle von Fußballvereinen zu sprechen. Auch wenn zwei der drei untersuchten Vereine noch in der Rechtsform des eingetragenen Vereins organisiert sind, erinnern die Organisationsstrukturen (vgl. Abb. 1) mehr an Wirtschaftsunternehmen. Die Profifußballvereine stehen zudem, wie alle Wirtschaftsunternehmen, im ökonomischen Wettbewerb zueinander (Haas, 2002).

Weiterhin wird durch die Organisationsstruktur des FC Barcelona (vgl. Abb. 1), die zunehmende Bedeutung der Internationalisierung des Vereins deutlich und die Vermutung zugelassen, dass die Vereine Real Madrid sowie Manchester United ebenfalls durch eine internationale Vereinsausrichtung geprägt sind. Diese Hypothese soll durch die Untersuchung im Rahmen dieser Arbeit verifiziert werden.

In den vergangenen Jahrzehnten hat sich der Profifußball zu einer globalen Unterhaltungsbranche entwickelt. In diesem Wettbewerbsumfeld können sich nach Ansicht von Dietl und Franck (2007) maximal sechs bis zehn Clubs als globale Marken durchsetzen. *„Da die europäischen Märkte weitgehend gesättigt sind, kämpfen die Fußballvereine derzeit vor allem um die asiatischen und amerikanischen Märkte"* (Dietl & Franck, 2007, S. 21). Diese Entwicklung zeigt sich ebenfalls in dem Aufbau der Internationalisierungsabteilung des FC Barcelona, die sich mit großer Priorität um die Märkte in Nordamerika und Asien bemüht (Schlösser, 2009).

Um in diesem globalen Wettbewerbsumfeld bestehen zu können und sich bestmöglich zu platzieren, erscheint es sinnvoll, auf bisherige Erfahrungen und Kenntnisse aus der Betriebswirtschaftlehre zurückzugreifen. Insbesondere bei der Frage, wie ein professioneller Fußballverein sich im Ausland zu vermarkten hat, ist es erforderlich zu erörtern, welchem Teilbereich der Betriebswirtschaftslehre professionelle Fußballvereine zuzuordnen sind.

### 2.1.3 Betriebswirtschaftliche Klassifizierung von Fußballvereinen

Aus einer Reihe wissenschaftlicher Beiträge der Sportökonomie geht hervor, dass professionelle Sportvereine im Allgemeinen als Dienstleistungsbetriebe klassifiziert werden können (Woratschek, 1999; Meyer, 1996). Darüber hinaus wird in der Literatur auch der professionelle Fußball als ein Bestandteil des professionellen Sports als wirtschaftliche Dienstleistung eingestuft (Klimmer, 2003).

Dabei gehen in der Betriebswirtschaftslehre die Meinungen über das Wesen einer Dienstleistung weit auseinander. Ein gewichtiger Grund hierfür ist die Tatsache, dass Dienstleistungen in Ihrer Charakteristik sehr unterschiedlich sind. Folglich sind in der Literatur verschiedene Ansätze zur Definition und Abgrenzung von Dienstleistungen zu finden (Bruhn, 2005; Meyer, 1996; O'Farell, 1999). Trotz ihrer Knappheit sowie ihrer Nutzenstiftung herrscht dennoch Einigkeit darüber, dass Dienstleistungen eindeutig als Wirtschaftsgüter zu klassifizieren sind (Meffert & Bruhn, 2009). Da eine eindeutige Definition von Dienstleistungen umstritten ist, erscheint es in vielen Fällen sinnvoller, die begriffsdefinitorisch geforderte Eindeutigkeit ein wenig zu entschärfen und statt von konstitutiven Merkmalen, vielmehr von Besonderheiten der Dienstleistungen im Gegensatz zu Sachgütern zu sprechen (Meffert & Bruhn, 2009). Diese Haltung wird auch im Rahmen dieser Arbeit eingenommen.

Bruhn (2003) identifiziert folgende Besonderheiten von Dienstleistungen:

1. Notwendigkeit von Leistungsfähigkeit
2. Integration des externen Faktors
3. Immaterialität des Leistungsergebnisses
4. Unsicherheit des Leistungsergebnisses

Nach Erning (2000) treffen die genannten Abgrenzungsmerkmale von Dienstleistungen auch auf die Leistungen professioneller Fußballclubs zu. Diese Ansicht soll kurz diskutiert werden und als Grundlage für die anschließende Einordnung von Fußballvereinen als Dienstleistungsunternehmen dienen.

***(1) Notwendigkeit von Leistungsfähigkeit:*** Die vom Dienstleistenden angebotene Leistung besteht aus der Fähigkeit zur Ausübung einer vom Dienstleistungsnachfrager gewünschten Tätigkeit. Diese Fähigkeit wird auch als Dienstleistungspotenzial bezeichnet (Scheuch, 1982). Die Einsatzpotenziale der Dienstleistung werden während der Leistungserstellung individuell für den Nachfragragenden zusammengestellt. Dabei muss der Dienstleistende flexibel auf seine unterschiedlichen Produktionskapazitäten zugreifen können.

Ein Fußballverein hat eine Anzahl von mindestens elf Spielern vertraglich an sich gebunden, die unter Aufsicht eines Trainers regelmäßig trainieren. Aus dieser Gruppe kann er eine Mannschaft bilden, die sich im direkten sportlichen Wettbewerb mit einer fremden Mannschaft messen kann. Hierdurch ist er in der Lage, die vom Zuschauer, den Medien und den Sponsoren (Dienstleistungsnachfrager) gewünschte Tätigkeit - das Fußballspiel - durchzuführen. Abheben könnte sich ein Verein z. B. durch eine besonders ansprechende Spielweise. Damit ist die erste Besonderheit von Dienstleistungen erfüllt, da zumindest theoretisch die Leistungsfähigkeit eines Vereins somit jederzeit gegeben ist.

***(2) Integration des externen Faktors:*** Bei der Erstellung einer Dienstleistung findet ein Zusammentreffen zwischen dem Leistungserbringer und dem Nutzer statt. Zugleich ist in der Regel auch der Kunde selbst (Arztbesuch) oder ein Gut des Kunden (Autoreparatur) in den Prozess der Dienstleistungserstellung integriert (Kotler & Bliemel, 2007). Während des Erstellungsprozesses wirkt der Dienstleister auf den externen Faktor ein. Gleichzeitig nimmt aber auch der Nutzer einen direkten Einfluss auf die Dienstleistung. Diese Interaktion zwischen Leistungserbringer und

Nutzer ist für Dienstleistungen typisch (Kotler & Bliemel, 2007). Es ist häufiger der Fall, dass im Moment der Dienstleistungserbringung weitere Kunden anwesend sind oder sogar einbezogen werden. Deren Verhalten kann die Qualität der erbrachten Dienstleistung stark beeinflussen (Kotler & Bliemel, 2007).

Den externen Faktor bei einem Fußballspiel bildet der Zuschauer. Dieser stellt bewusst seine Zeit für den Konsum eines Fußballspiels zur Verfügung. Dabei ist er physisch anwesend und indirekt an dem Leistungsprozess der Dienstleistung beteiligt. Allerdings ist anzumerken, dass der Zuschauer ein Fußballspiel nur passiv konsumiert, da er nicht in den direkten sportlichen Wettkampf integriert ist. Nichts desto trotz besteht für den Zuschauer in begrenztem Maße die Möglichkeit, auf das Spielgeschehen und somit auf das Leistungsergebnis positiv oder negativ einzuwirken.

Für den Zuschauer ist das Fußballspiel durch einen hohen Interaktionsgrad gekennzeichnet, der von einer emotionalen Beteiligung sowie einer großen Identifikation begleitet wird. Das gemeinsame Anfeuern der Zuschauer eines Vereins im Stadion symbolisiert das Gemeinschaftsgefühl des Publikums.

***(3) Immaterialität des Leistungsergebnisses:*** Dienstleistungen sind meist nicht materiell. Dies bedeutet, dass sie nicht greifbar, fühlbar oder hörbar sind, bevor sie erbracht werden (Kotler & Bliemel, 2007).

Die Immaterialität sowie die Integration des externen Faktors implizieren die Nichtlagerfähigkeit und Nichttransportierfähigkeit von Dienstleistungen.

Die Nichtlagerfähigkeit ergibt sich daraus, dass der Kunde einer Dienstleistung diese nur in dem Moment in Anspruch nehmen kann, in dem sie produziert wird. Demzufolge ist eine Vorproduktion des Leistungsergebnisses nicht möglich (Meffert & Bruhn, 2009). Dieses Charakteristikum ist auch bei der Leistungserbringung eines Fußballspiels zutreffend. Ein Verein hält als Inputfaktor eine Mannschaft bereit, deren Leistungspotenzial allerdings nicht im Voraus, sondern erst während des Erstellungsprozesses durch den externen Faktor wahrgenommen werden kann.

Die Besonderheit der Nichttransportierfähigkeit lässt sich durch das Uno-Acto-Prinzip erklären, das besagt, dass eine Dienstleistung nur erstellt werden kann, wenn interne und externe Produktionsfaktoren simultan im Erstellungsprozess aufeinandertreffen (Meffert & Bruhn, 2009). Die Notwendigkeit von Präsenz und Simultaneität beschränkt sich jedoch nur auf die Dienstleistungsproduktion. Die Produktion und der

Absatz bzw. Konsum brauchen dagegen weder zeit- noch raumgleich zu erfolgen.

In Bezug auf den passiven Konsum eines Fußballspiels sind verschiedene Kontaktformen zwischen Anbieter und Nachfrager denkbar. Dementsprechend ist die Dienstleistung Fußball

zeit- und raumgleich (Live im Stadion)

zeitgleich und ortsabweichend (Live im Fernsehen o. ä.) oder

zeit- und ortsabweichend (TV-Aufzeichnung) konsumierbar.

Die Nichttransportfähigkeit ist demzufolge nur noch begrenzt gegeben, da via Fernsehen, Rundfunk und Internet die Möglichkeit besteht, ein Spiel live mitzuerleben, ohne dafür am Ort der Leistungserstellung physisch anwesend zu sein.

***(4) Unsicherheit des Leistungsergebnisses:*** Eine weitere Besonderheit von Dienstleistungen ist die Unsicherheit des Leistungsergebnisses. Während die Qualität von materiellen Gütern bereits vor dem Kauf anhand von Suchqualitäten einfach und exakt bestimmt werden kann, sind Dienstleistungen dadurch gekennzeichnet, dass nur Leistungsversprechen angeboten werden können. Diese Unsicherheit der qualitativen Eigenschaften von Dienstleistungen begründet sich dadurch, dass das Dienstleistungsergebnis bei Absatz noch nicht vorhanden ist (Kotler & Bliemel, 2007).

Letztlich trifft auch diese dienstleistungsspezifische Besonderheit der Ergebnisunsicherheit auf den Fußball zu. Denn es ist für den Konsumenten nicht möglich, im Vorfeld eine Aussage über die Qualität eines Fußballspiels zu treffen. Zwar können auf der Basis verschiedener Merkmale[2] Annahmen getroffen werden, das tatsächliche Ergebnis wird jedoch erst im Zuge der Leistungserstellung erzielt. Für die Nachfrager professionellen Fußballs herrscht demnach eine hohe Unsicherheit in Bezug auf das entstehende Leistungsergebnis.

Anhand der gewonnenen Erkenntnisse bleibt abschließend festzuhalten, dass die von Bruhn (2005) identifizierten Besonderheiten von Dienstleistungen auch auf den professionellen Fußball zutreffen. Deshalb wird im weiteren Verlauf der Arbeit ein professioneller Fußballverein als ein Dienstleistungsanbieter angesehen.

---

2 Merkmale wie z.B. die Stärke des Kaders, die Stärke des Gegners oder der bisherige Saisonverlauf der Mannschaft etc.

## 2.1.4 Ökonomisches Modell des professionellen Fußballs

Die Erstellung eines *professionellen Fußballspiels* lässt sich mit dem Leistungserstellungsprozess anderer Wirtschaftszweige vergleichen (Wöhe, 2008, S. 45). Gewöhnlich erzeugen einzelne Unternehmen durch den effizienten und planvollen Einsatz von knappen Produktionsfaktoren (Ressourcen) Güter oder Dienstleistungen (Wöhe, 2008). So kann auch im *professionellen Sport* zwischen den Vorgängen

Input, Throughput und Output unterschieden werden. Als Besonderheit nennt Benner (1992) zudem noch die im Anschluss an den Output stattfindende Outputvermarktung (vgl. Abb. 2).

Als theoretische Grundlage für die Vermarktung des Profifußballs dient das ökonomische Modell des professionellen Sports nach Benner (1992). Dieses Modell beschreibt die Austauschbeziehungen der am Profifußball beteiligten Akteure und Wirtschaftseinheiten.

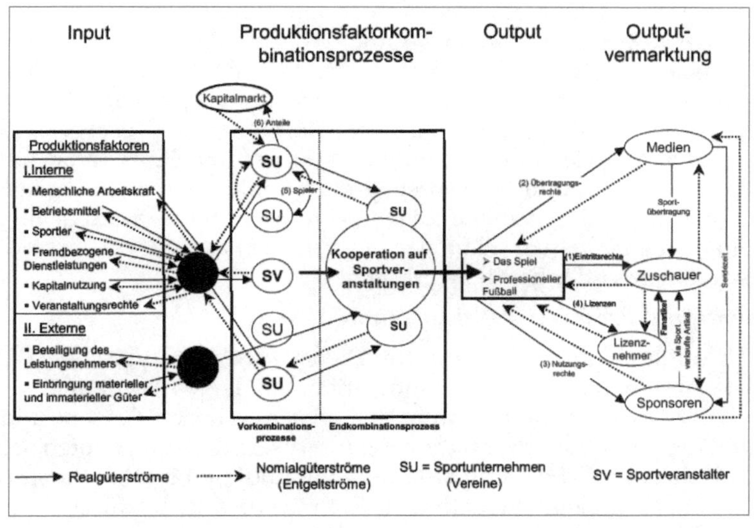


Abb. 2: Ökonomisches Modell des professionellen Sports (eigene Darstellung nach Benner, 1992, S. 30).

**Input**

Zur Erstellung der Dienstleistung im professionellen Fußball werden Produktionsfaktoren benötigt, die in ihrer Gesamtheit ein Produktionsfaktorensystem bilden. Hierbei wird zwischen internen und externen Produktionsfaktoren unterschieden. Die internen Produktionsfaktoren zeichnen sich dadurch aus, dass sie zwar von außen über Beschaffungsmärkte bezogen werden, die Unternehmen - in diesem Fall die Fußballvereine – aber bezüglich ihrer Verwendung frei verfügen können. Zu den internen Produktionsfaktoren einer Sportveranstaltung (professioneller Fußball) gehören z. B. die menschliche Arbeitskraft, die Veranstaltungsrechte sowie - besonders hervorzuheben - die Sportler (Benner, 1992).

Die externen Faktoren entziehen sich im Gegensatz zu den internen Faktoren weitestgehend der Kontrolle und Verfügung des Sportunternehmens (z. B. Fußballverein). Ohne die Mitwirkung des Dienstleistungsnehmers als externer Faktor kann der professionelle Sport nicht adäquat produziert werden. Zu den externen Faktoren zählen zum einen die *Beteiligung des Leistungsnehmers,* zum anderen die *Einbringung materieller oder immaterieller Güter* am Erstellungsprozess (Benner, 1992). Bei den Leistungsnehmern handelt es sich in erster Linie um die Zuschauer, die sich für den Konsum eines professionellen Fußballspiels an den jeweiligen Veranstaltungsort begeben müssen. Dort kann der Zuschauer durch seine Aktivitäten an der oft emotional geprägten Sportveranstaltung mitwirken. Medien und Sponsoren sind ebenfalls Leistungsnehmer. Um jedoch die ihnen dargebotene Leistung in ihrem Sinne nutzbar machen zu können, bedarf es vor allem der *Einbringung materieller Güter* wie z. B. Fernsehkameras oder Bandenwerbung.

**Throughput/ Produktionsfaktorkombination**

Der Throughput durchläuft die für Dienstleistungen typischen Phasen der Vorkombination und Endkombination. Bei der Vorkombination baut zunächst jedes einzelne Sportunternehmen durch den Einsatz und die Kombination interner Produktionsfaktoren sein Leistungspotenzial auf und hält dieses für die daran anknüpfende Endkombination bereit (Benner, 1992). Bei einem Fußballverein könnte dies z. B. durch Training erfolgen, denn häufig liegt die oberste Priorität auf der sportlichen Leistungsfähigkeit der Mannschaft (interner Faktor).

Auch der Sportveranstalter (z. B. DFL), dem die Planung der Sportveranstaltung obliegt, ist dazu angehalten, seine Leistungsbereitschaft sicherzustellen. Der Sportveranstalter trägt durch die Festlegung von Regelwerken oder Spielplänen zur Vorkombination von professionellen Sportveranstaltungen bei. Während der Vorkombination kommen also zwei Sportunternehmen und ein Sportveranstalter zusammen. Der externe Faktor wird in dieser Phase noch nicht in den Leistungsprozess miteinbezogen. Ziel dieser Vorkombination ist es, die Leistungsfähigkeit für die anschließende Endkombination (professioneller Fußball) aufzubauen (Benner, 1992).

Im Anschluss an die Vorkombination erfolgt die Endkombination. Die Sportunternehmen können in dieser Phase ihre in der Vorkombination entwickelte Leistungsfähigkeit einbringen. In Bezug auf ein Fußballspiel bedeutet dies, dass unter der Koordinierung des Veranstalters die Sportunternehmen in einen sportlichen Wettbewerb treten. Dabei ist zu beachten, dass die Vereine grundsätzlich miteinander konkurrieren, der Output jedoch nur gemeinsam, also kooperativ erzeugt werden kann. Es entsteht somit die im Sport häufig gegebene Kooperenz, also ein Zusammenspiel von Konkurrenz und Kooperation zwischen den Sportunternehmen.

Zum professionellen Sport wird die Veranstaltung jedoch erst durch die direkte Miteinbeziehung externer Faktoren wie Zuschauer, Medien oder Sponsoren, die den Output konsumieren oder weiter vermarkten (Benner, 1992).

**Output**

Das Ergebnis aus dem Prozess der Vor- und Endkombination einer Sportveranstaltung ist der professionelle Sport. Insofern ist der sportliche Wettkampf als solcher, der entstehende Output (Benner, 1992).

Wie im voran gegangenen Abschnitt bereits erörtert, ist der professionelle Fußball ein Teil des professionellen Sports und im Rahmen dieser Arbeit als eine Dienstleistung definiert. Diese erbrachte Dienstleistung stellt aufgrund der Nachfrage, die ihr zuteil wird, ein wirtschaftliches Gut dar. Für die Produzenten (Fußballvereine und Veranstalter) des professionellen Fußballs ergeben sich verschiedene Teilmärkte, auf denen sie diese Dienstleistung anbieten können. Diese Teilmärkte sollen aus der Sicht professioneller Fußballvereine im folgenden Abschnitt näher beschrieben werden.

**Outputvermarktung**

Die Outputvermarktung ist durch eine Wechselbeziehung zwischen den Leistungserbringern (Sportunternehmen und Sportveranstalter) und den Nachfragegruppen (Zuschauer, Medien und Sponsoren) geprägt. Insgesamt sind die Wechselbeziehungen auf dem Absatzmarkt von Fußballvereinen als komplex einzustufen (Woratschek, 2002). Durch die Abb. 3 wird diese Komplexität vereinfacht dargestellt.

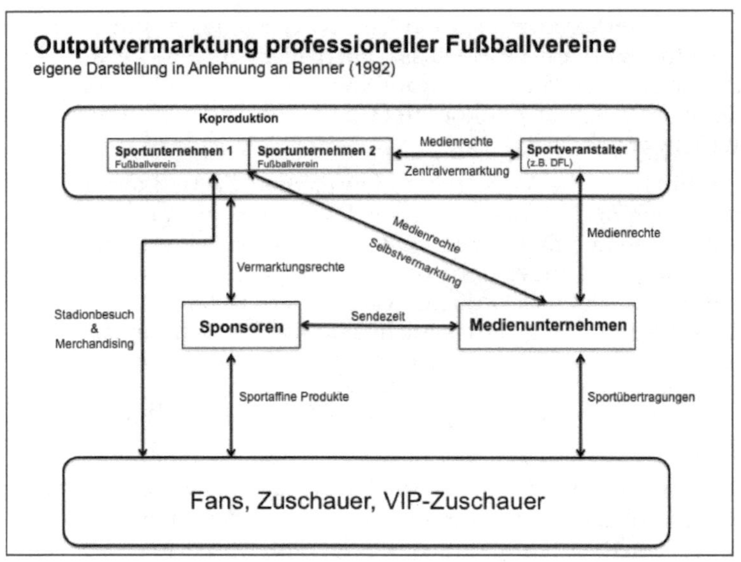


Abb. 3: Outputvermarktung professioneller Fußballvereine (eigene Darstellung).

Zusammengefasst entstehen aus den dargestellten Wechselbeziehungen für Fußballvereine die folgenden Teilmärkte:

Der Markt für Eintrittsrechte (Ticketing)

Der Markt für Medienrechte

Der Markt für Sponsoring

Abgesehen von der Verwertung des unmittelbaren immateriellen Outputs generieren die Fußballvereine weitere Umsatzerlöse durch den Handel von Sachgütern in Form von Fan-Artikeln (Swieter, 2002). Daraus ergibt sich der vierte Teilmarkt:

Der Markt für Merchandising.

Der Umsatz der Fußballvereine, der aus der laufenden Geschäftstätigkeit resultiert, wird hauptsächlich durch die vier genannten Erlösquellen erzielt (Benner, 1992; Erning, 2002; Swieter, 2002).

Bei sämtlichen Erlösquellen ist allgemein festzuhalten, dass sie letzten Endes alle direkt oder indirekt auf den Zuschauer als Nachfrager zurückgeführt werden können (vgl. Abb. 3). Die relative Bedeutung der einzelnen Erlösquellen hat sich dabei im Laufe der vergangenen Jahre verändert. Zudem kann die Verteilung je nach Fußballverein erheblich variieren.

### 2.1.5 Einnahmequellen professioneller Fußballvereine

Bei eingehender Betrachtung der europäischen Fußballmärkte ist in den letzten Jahren ein rapider Anstieg der Umsätze aus den oben genannten Erlösquellen zu verzeichnen (WGZ-Bank, 2004). Diese Zunahme schlägt sich besonders in den europäischen Kernmärkten England, Spanien, Italien, Deutschland und Frankreich nieder (WGZ-Bank, 2004). Die großen Clubs Europas haben sich zu enorm umsatzstarken Wirtschaftsunternehmen entwickelt.

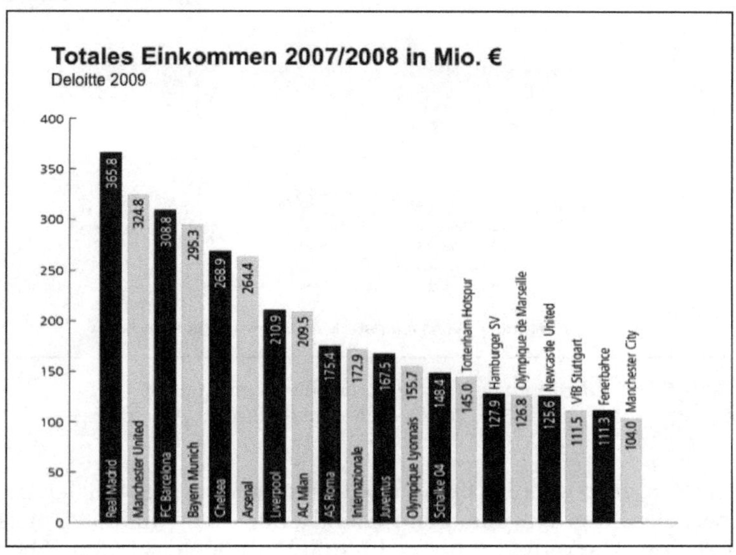


Abb. 4: Gesamteinkommen in Mio. Euro Saison 2007/2008 (Deloitte, 2009, S. 2).

Dieser Prozess lässt sich anhand der in Abb. 4 dargestellten Einnahmen der europäischen Spitzenvereine deutlich erkennen (Deloitte, 2009). Im Rahmen dieser Studie wurden die Gesamteinnahmen3 der 20 einkommensstärksten Fußballvereine Europas ermittelt.

3 Bei der Untersuchung wurden die erzielten Einnahmen aus dem Erlös von S Spielertranfers sowie die Mehrwertssteuer nicht berücksichtigt (Deloitte, 2009)

Die Gesamteinnahmen der dargestellten Vereine wurden dabei in die folgenden Einnahmequellen untergliedert: Spieltag, Merchandising und Sponsoring sowie Einnahmen aus dem Verkauf von Übertragungsrechten. Bei dieser Untersuchung haben sich für die in dieser Arbeit relevanten Clubs folgende Ergebnisse ergeben:

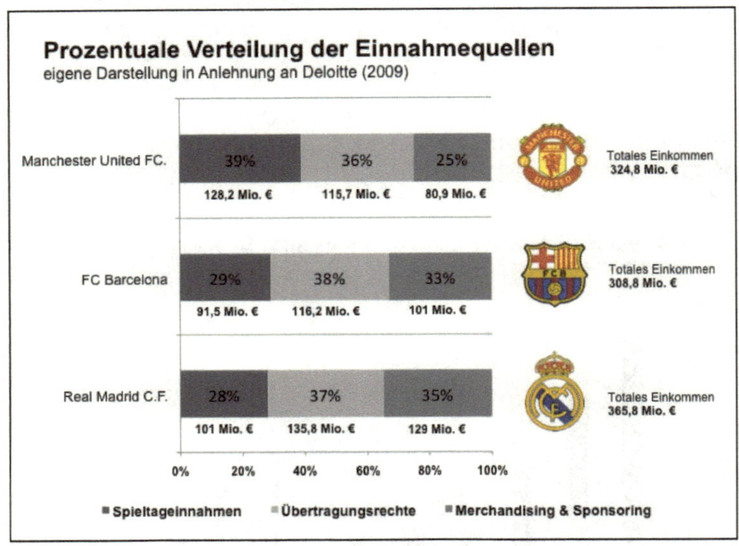


Abb. 5: Prozentuale Verteilung der Einnahmequellen - Saison 2007/2008 (eigene Darstellung in Anlehnung an Deloitte, 2009, S .7-9).

Es ist jedoch zu beachten, dass erzielte Einnahmen aus Spielertransfers nicht berücksichtigt wurden. Ebenso sind Einnahmen aus Gastspielen im Rahmen von Marketingreisen nicht miteinbezogen worden. Da diese Marketingreisen als Internationalisierungsmaßnahmen einzuordnen sind, haben sie für diese Arbeit eine hohe Relevanz und werden im Ergebnisteil berücksichtigt.

### Spieltageinnahmen/ Ticketing

Der Verkauf von Eintrittskarten an Stadionbesucher stellt die älteste der genannten Erlösquellen dar. Dementsprechend wurde durch die Eintrittsgelder vor einigen Jahrzehnten noch der größte Anteil der Einnahmen generiert (Teichmann, 2007). Im Laufe der letzten Jahre hat sich diese Verhältnismäßigkeit jedoch verschoben, so dass die neueren Vermarktungsmöglichkeiten (Sponsoring, Medienrechte etc.) an Bedeutung gewonnen haben. Nichtsdestotrotz zählt das Ticketing auch heutzutage noch zu den wichtigsten Einnahmequellen der Vereine. Diese Aussage wird durch die Betrachtung der Spieltageinnahmen europäischer Spitzenvereine gestützt (vgl. Abbildung 5).

Manchester United FC erzielte durch die Einnahmen von Eintrittsgeldern (inklusive Saisontickets und Mitgliedschaften) in der Spielzeit 2007/2008 insgesamt 128,2 Mio. Euro Umsatz. Damit generiert der Verein 39% seines Gesamtumsatzes aus dem Verkauf von Tickets. Bei den spanischen Vereinen Real Madrid und FC Barcelona macht der Bereich Ticketing/Spieltag mit jeweils ca. 100 Mio. Euro einen Anteil von 30% an den Gesamteinnahmen aus (Deloitte, 2009). Viele Stadien in den europäischen Spitzenligen wurden zudem modernisiert oder neu errichtet. Im Zuge dieser Neugestaltung der Stadien wurde besonders auf einen qualitativ hochwertigen Hospitality-Bereich Wert gelegt. Der Verkauf von Business Seats und Firmen-Logen hat sich zu einem wichtigen Bestandteil der Stadionvermarktung entwickelt. Heute werden in einigen Stadien durch die VIP-Bereiche über 50% der Stadioneinnahmen erzielt (Süßmilch, 2002).

Für die Zwecke dieser Arbeit ist der Bereich Ticketing jedoch weniger relevant, da eine Auslandsvermarktung von Stadien kaum möglich ist.

**Medienrechte**

Unter den Begriff Medienrechte fallen alle medialen Verwertungsrechte der Bereiche Fernsehen, Rundfunk und zunehmend neuer Technologien (Internet, Mobiltelefone etc.) (Elter, 2003). Da die Verwertung der Fernsehrechte den weitaus größten Teil der Medienrechte ausmachen und die Vermarktungsmöglichkeiten im Wesentlichen auf die weiteren Medien (Rundfunk, neuere Technologien) übertragbar sind, wird die Darstellung im Folgenden auf die Fernsehverwertungsrechte fokussiert (Dörnemann, 2002).

Mit der Übertragung von professionellen Fußballspielen der europäischen Spitzenligen erreichen die TV-Sender seit vielen Jahren hohe Einschaltquoten. Diese Tatsache macht die Ware Übertragungsrecht zu einem gefragten Gut, das den Fußballvereinen enorme Einnahmen aus seinem Verkauf ermöglicht. Entsprechend dieser Wechselbeziehung fragen die Fernsehsender die TV-Verwertungsrechte als Input für ihre Programminhalte beim jeweiligen Rechte-Inhaber (Ligaveranstalter oder Verein) nach, bereiten diese individuell auf und geben Ihr Programm dann an den TV-Konsumenten weiter (vgl. Abbildung 3).

Je nach Vermarktungsstruktur der jeweiligen Liga werden die Fernsehrechte entweder dezentral durch den einzelnen Verein oder zentral durch den jeweiligen Wettbewerbsveranstalter vermarktet. Bei der dezentralen Vermarktung (Einzelvermarktung) eines Wettbewerbs kann der jeweilige Rechteinhaber die Verwertungsrechte der Spiele einzeln vergeben. Der Erlös aus der Vergabe des Verwertungsrechts fließt dann dem Einzelvermarkter (z. B. Verein) als Vertragspartner zu (Kuczera, 2004).

Entgegen der dezentralen Vermarktung ist die zentrale Vermarktung der Verwertungsrechte eine sogenannte *Paketlösung* (Elter, 2003). Hierbei bietet nur ein einziger Anbieter (z. B. Ligaveranstalter) die Rechte für den gesamten Wettbewerb auf dem Markt an. In diesem Fall ist es nicht möglich, die Rechte an einem einzelnen Spiel zu erwerben. Bei dieser Form der Vermarktung fließt der erzielte Erlös mittels eines speziellen Verteilungsschlüssels an die Beteiligten des Gesamtwettbewerbs. Dementsprechend bedarf es einer Regelung, nach welchen Kriterien (z. B. sportlicher Erfolg) die Einnahmen verteilt werden (Kuczera, 2004). In Deutschland werden die Einnahmen nach dem sogenannten *Solidarprinzip* verteilt, was zur Folge hat, dass die wirtschaftlich kleinen und schwachen Vereine der Bundesliga mit einem verhältnismäßig großen Anteil berücksichtigt werden.

Bei Betrachtung der europäischen Kernmärkte des Fußballs werden die TV-Rechte überwiegend zentral vermarktet. Diese Thematik wird in Bezug auf die untersuchten Vereine im weiteren Verlauf dieser Arbeit nochmals aufgegriffen.

Die Erlöse aus der TV-Vermarktung stellen heutzutage eine der wichtigsten Einnahmequellen professioneller Fußballvereine dar (Haas, 2002). Bei den europäischen Spitzenvereinen werden durch den Verkauf von Übertragungsrechten teilweise über 100 Mio. Euro pro Saison erzielt. Real Madrid C.F. hat in der vergangenen Saison insgesamt 135,8 Mio. Euro in diesem Bereich umsetzen können und ist damit im europäischen Vergleich führend (Deloitte, 2009). Auch der FC Barcelona und Manchester United FC erwirtschafteten mit jeweils über 115. Mio. Euro einen erheblichen Anteil ihrer Gesamteinnahmen durch den Verkauf der Übertragungsrechte. Bei den genannten Zahlen wurden alle Übertragungsrechte berücksichtigt, also neben den TV-Rechten auch die Einnahmen aus der Verwertung via Rundfunk und neuer Technologien (Deloitte, 2009).

Dabei kann zwischen Einnahmen aus nationaler und internationaler Vermarktung der Medienrechte unterschieden werden, wobei der weitaus größere Anteil über die nationale Vermarktung erwirtschaftet wird.

Es ist jedoch zu beobachten, dass die internationale TV-Vermarktung ein hohes Potenzial aufweist und stark an Bedeutung gewinnt. Diese Entwicklung zeigt sich am stärksten in der Premier-League. Dort wurde in der Saison 2006/2007 mit 157 Mio. Euro über 20% der gesamten TV-Einnahmen durch die Auslandsvermarktung erzielt (Deloitte, 2009).

**Sponsoring**

Das kommerzielle Sponsoring ist nach Drees (1992, S. 1) definiert als

> „(...) die systematische Förderung von Personen, Organisationen oder Veranstaltungen im sportlichen, kulturellen oder sozialen bzw. ökologischen Bereich durch Geld-, Sach- oder Dienstleistungen zur Erreichung von Marketing- und Kommunikationszielen".

Die zentrale Zielsetzung eines Sponsoring-Engagements (Person und/oder Organisation) besteht dabei darin, dass der Gesponserte die ihm entgegengebrachte *positive* mediale Aufmerksamkeit auf den Sponsor überträgt. Das Sponsoring stellt für die Unternehmen ein Instrument innerhalb des von ihnen genutzten Kommunikations-Mixes dar (Wehrheim, 2005).

Weitere, vor allem psychografische Ziele eines kommerziellen Sponsorings sind unter anderem die Festigung bzw. Verbesserung des Firmenimages, die Erhöhung des Bekanntheitsgrades, die Kontaktpflege mit unternehmensrelevanten Gruppen sowie die Verbesserung der Mitarbeitermotivation (Bruhn & Wieland, 1988).

Der gesamte Sponsoringmarkt in Deutschland umfasste im Jahre 2007 ein Umsatzvolumen von 4 Milliarden Euro. Das Sportsponsoring hat vor dem Medien- und Kultursponsoring den deutlich größten Anteil am gesamten Sponsoring. Insgesamt sind 2007 im Sportsponsoring 2,5 Milliarden Euro umgesetzt worden, wobei die meisten Sponsoringprojekte im professionellen Fußball realisiert wurden (pilot, 2007). Der Fußball bietet vielen Unternehmen - insbesondere durch das große Medieninteresse - eine optimale Möglichkeit, hohe Aufmerksamkeit zu erreichen. Aus diesem Grund ist dieser Sport für viele Unternehmen eine attraktive Plattform für Werbeaktivitäten (Wehrheim, 2005).

Die Einnahmen aus dem Sponsoring stellen für professionelle Fußballvereine eine der größten Einnahmequellen dar (vgl. Abb. 5). Für die Clubs steht bei der Sponsorenakquise meist die Generierung von Einnahmen im Vordergrund. Diese Zielsetzung ist jedoch nicht die Regel. So verzichtet der FC Barcelona bisher aus traditionellen Gründen bewusst auf ein Trikotsponsoring (Schlösser, 2009).

Für Unternehmen besteht eine Vielzahl von Möglichkeiten als Sponsor eines Vereins in Erscheinung zu treten. Im Allgemeinen wird unter Sponsoring im professionellen Mannschaftssport die Nutzung verschiedener Werbeflächen von Teamsportunternehmen (Fußballvereine) durch konventionelle Unternehmen über einen bestimmten Zeitraum verstanden (Teichmann, 2007). Als Ursprung des heute in vielen Facetten betriebenen Sponsorings ist in Deutschland das Trikotsponsoring zu nennen (Zacharias, 1999). Seitdem haben sich viele weitere Sponsoringformen entwickelt. Zu diesen gehören u. a. die Bandenwerbung, das Naming-Right von Stadien oder die Bereitstellung von Sportausrüstung.

Bei den Spitzenvereinen in Europa ist zu beobachten, dass neben einer begrenzten Gruppe von Hauptsponsoren viele weitere Partnerschaften auf lokaler und regionaler Ebene geschlossen werden. Diese Verträge sind oft auf bestimmte Märkte begrenzt und darüber hinaus vom finanziellen Umfang her als eher klein einzustufen (Stylsvig, 2009). Die Hauptsponsoren dagegen werden meist als *strategische Partner* oder *Premium-Sponsoren* bezeichnet (Jobst; Schlösser, 2009). Daraus liest sich, dass der finanzielle Wert dieser Verträge erheblich höher ist, diese Beziehungen in der Regel aber wesentlich enger und langfristiger orientiert sind. Die für diese Arbeit relevanten Vereine haben beispielsweise eine Anzahl von fünf bis zehn Partnerschaften, die in die Gruppe der Hauptsponsoren fallen. Diese Unternehmen sind häufig global agierende Unternehmen, die neben dem Interesse am Heimatmarkt auch eine internationale Präsenz erzielen möchten. Für diese Unternehmen ergibt ein Sponsoring nur dann Sinn, wenn die Vereine eine hohe internationale Ausstrahlung haben (Schlösser, 2009). Aus diesem Grund ist der sportliche Erfolg auf internationaler Ebene eine wichtige Voraussetzung.

**Merchandising**

Das Merchandising hat sich seit den 1990er Jahren stark entwickelt und ist heute als eine bedeutende Einnahmequelle der Vereine anzusehen (Rohlmann, 2005). Im Unterschied zu den bereits beschriebenen drei Erlösquellen stützt sich das Merchandising nicht auf die direkte Verwertung der Dienstleistung *professionelles Fußballspiel*, sondern auf den daraus entstehenden Handel mit Anschlussprodukten (Fan-Artikeln). Die Zielgruppe für den Verkauf der Fan-Artikel sind in erster Linie die Fans und Sympathisanten der Vereine. Diese möchten ihre Identifikation und Verbundenheit mit dem jeweiligen Fußballclub durch die Verwendung von Produkten, auf denen der Namenszug und/oder das Logo eines Fußballvereins deutlich sichtbar sind, ausdrücken (Teichmann, 2007). Die Produktpalette ist sehr breit und geht dabei von Trikots, Schals,

Mützen über weitere Accessoires bis hin zu Kosmetika, Schmuck oder sogar Lebensmitteln (Mauer & Schmalhofer, 2001).

Im Merchandising stehen den Fußballvereinen zahlreiche Gestaltungsmöglichkeiten offen. Dementsprechend müssen Vereine z. B. Entscheidungen darüber treffen, welchen Umfang ihr Sortiment haben soll und über welche Distributionswege der Absatz erfolgen soll.

Die Höhe der Einnahmen aus dem Merchandising ist stark an den Erfolg sowie an das Fanpotenzial der jeweiligen Fußballvereine gekoppelt. Zudem können die Vereine über den Verkauf von Trikots einzelner, besonders populärer und/oder erfolgreicher Spieler der Mannschaft erhebliche zusätzliche Einnahmen erwirtschaften. Ein gutes Beispiel hierfür ist die Verpflichtung von David Beckham durch Real Madrid im Jahre 2003. Schätzungen zufolge hat Real Madrid durch den Verkauf der Beckham-Trikots (vor allem in Asien) jährlich einen Umsatz von 50 Mio. Euro erzielt (Berthold, 2006).

Allerdings kommt ebenfalls die Traditionalität eines Clubs hinzu, die unabhängig von der sportlichen Leistung, ein Garant für ein prosperierendes Fanartikelgeschäft sein kann. Es können also auch Vereine, die nicht der nationalen oder internationalen Spitze angehören, aussichtsreiche Wachstumschancen im Fanartikelgeschäft haben. Ein illustratives Beispiel für diese Möglichkeit ist der FC St. Pauli, der exemplarisch für eine kleine Gruppe ehemaliger Erstliga-Teams steht. Allein durch vergangene sportliche Spitzenleistungen und einem gewissen Kultstatus hat der Regionalliga-Verein in der Saison 2003/2004 über vier Millionen Euro durch den Verkauf von Merchandising-Artikeln umgesetzt (Rohlmann, 2005).

Neben der Eigenvermarktung von Fan-Artikeln ist häufig zu beobachten, dass einzelne Rechte der Vermarktung an externe Unternehmen in Form von Lizenzen vergeben werden. So besteht z. B. eine vertragliche Vereinbarung zwischen Manchester United und dem Sportartikelhersteller Nike über den Vertrieb von Fan-Artikeln in Asien (Schlösser, 2009).

Das Merchandising großer Vereine weist ein beträchtliches Potenzial für die Auslandsvermarktung auf (Rohlmann, 2005). Die für diese Arbeit untersuchten Vereine haben alle ein strategisch geplantes Merchandising-Konzept, durch das ihre Marke international vermarktet wird. Besondere Zugkraft haben dabei, wie bereits erwähnt, internationale Star-Spieler (Jobst, 2009). Eine spezifische Betrachtung der untersuchten Vereine wird im Ergebnisteil dieser Arbeit vorgenommen.

## 2.2 Internationalisierung

### 2.2.1 Grundbegriffe der Internationalisierung

Aufbauend auf den gewonnen Erkenntnissen soll im Folgenden die Internationalisierungsaktivität europäischer Spitzenclubs untersucht werden. Bevor jedoch das Thema Internationalisierung in den Zusammenhang mit professionellen Fußballvereinen gebracht wird, ist eine inhaltliche Präzisierung dieses Begriffs erforderlich.

> Nach Meffert & Bolz (1998, S. 15) gehört die „Internationalisierung der Geschäftstätigkeit für die überwiegende Mehrzahl der Großunternehmen in den führenden Industrienationen seit geraumer Zeit zu den Eckpunkten der strategischen und operativen Unternehmensplanung".

Die weltwirtschaftliche Entwicklung nach dem Zweiten Weltkrieg zeigt eine eindeutige Steigerung der internationalen Verflechtung der Volkswirtschaften und der grenzüberschreitenden Geschäftstätigkeit von Unternehmen (Welge & Holtbrügge, 2003). Dieses Phänomen wird in der Betriebswirtschaftslehre unter dem Schlagwort Internationalisierung diskutiert. Die Internationalisierung betrifft dabei nicht nur die Absatzseite, sondern kann für alle Teilbereiche einer Unternehmung relevant sein. Im Rahmen dieser Arbeit liegt der Schwerpunkt jedoch auf der internationalen *Vermarktung* eines Fußballclubs und demnach auf der Absatzseite.

In der Wissenschaft herrscht dabei Uneinigkeit über die Frage, ab wann ein Unternehmen als international agierend anzusehen ist. Zur Erfassung der Internationalisierung einer Unternehmung lassen sich in der Literatur verschiedene Ansätze finden. Den Ausgangspunkt stellen die Merkmale zur Abgrenzung von nationalen zu internationalen Unternehmen dar. Nach Welge (1980) gibt es in der betriebswirtschaftlichen Literatur eine große Vielzahl von Abgrenzungsmerkmalen, die sich in vier Merkmalskategorien untergliedern lassen;

**1. Strukturelle Merkmale**

Die Merkmale der ersten Kategorie beziehen sich auf die strukturellen Eigenschaften von internationalen Unternehmen, die im Vergleich zu national agierenden Unternehmen unterschieden werden können. Hierzu gehört z. B. die Geschäftstätigkeit in einer bestimmten Anzahl von Auslandsmärkten. Pausenberger (1992, S. 200) spricht von einem internationalen Unternehmen, *„wenn sich eine Unternehmung dauerhaft in einen Auslandsmarkt integriert"*. Dieses Merkmal ist bei den untersuchten Vereinen zu beobachten (Jobst; Schlösser; Stylsvig, 2009).

## 2. Leistungsorientierte Merkmale

Einen ähnlichen Ansatz wählen jene Autoren, die sich an den Leistungsmerkmalen im Hinblick auf die Auslandsvermarktung orientieren. Demgemäß wird die Internationalität einer Unternehmung anhand des ausländischen Anteils an Beschäftigten, Umsatz oder Gewinn bewertet (Müller & Kornmeier, 2002).

Beide Ansätze sind jedoch als eindeutige Negativabgrenzung zur nationalen Unternehmung problematisch, da sie vage Formulierungen beinhalten, die ihrerseits einer weiteren Definition bedürfen (Müller & Kornmeier, 2002).

## 3. Verhaltensorientierte Ansätze

Im Gegensatz zu den Ansätzen der ersten beiden Kategorien orientieren sich die Ansätze der dritten Kategorie an dem Managementverhalten der Unternehmensführung. Demnach ist ein Unternehmen als international anzusehen, wenn im Rahmen der strategischen Planung die Unternehmensführung eine über das Herkunftsland hinausgehende Perspektive einnimmt (Perlmutter, 1969). Bezug nehmend auf das im vorangegangen Kapitel dargestellte Organigramm des FC Barcelona, ist die internationale Ausrichtung des Clubs erkennbar. Der FC Barcelona beschäftigt seit 2004 eine Abteilung, die sich mit der Internationalisierung des Vereins auseinandersetzt und belegt damit eine über das Herkunftsland hinausgehende Perspektive. Neben dem FC Barcelona ist diese Entwicklung auch bei Real Madrid sowie Manchester United zu beobachten.

## 4. Evolutionäre Ansätze

Die Ansätze der vierten Kategorie beziehen sich auf den zeitlichen Ablauf des Internationalisierungsprozesses. Diese evolutionären Ansätze legen - anders als bei den zuvor genannten Ansätzen - keine statischen Merkmale, sondern den bisher erreichten Internationalisierungsgrad in einer bestimmten Zeitspanne als Bewertungsmaßstab zugrunde. So wird eine Unternehmung, die einen bestimmten Internationalisierungsgrad überschritten hat, beispielsweise als *international, multinational, transnational, global* oder als *Weltunternehmung* bezeichnet (Giger, 1994). Diese unterschiedlichen Begriffe beschreiben den erreichten Grad der Internationalisierung und den damit verbundenen Aufgaben der Unternehmensführung.

Dies soll an dieser Stelle nicht weiter vertieft werden. Vor dem Hintergrund des vorliegenden Forschungszweckes ist es ausreichend, sich an einem eher weit gefassten Begriffsverständnis zu orientieren. Daher soll im weiteren Verlauf dieser Arbeit dem Begriffsverständnis von Dülfer (2008) gefolgt werden, der die Internationalisierung als *„Prozess der zu-*

*nehmenden Bindung"* versteht, den eine Unternehmung im internationalen Raum eingeht und der *„die gesamte Spannweite von Tätigkeiten abdeckt, die auf mindestens einen ausländischen Markt gerichtet sind und regelmäßig erfolgen"*(Giger, 1994, S. 146).

Im folgenden Abschnitt werden die Gründe und Motive sowie die möglichen Risiken der Internationalisierung von Unternehmen dargestellt und diskutiert.

### 2.2.2 Internationalisierungsmotive

Die wissenschaftliche Literatur hat verschiedene Erklärungsansätze für die Motive einer Internationalisierung von Unternehmen hervorgebracht (Backhaus, Büschken & Voeth 2000; Bruhn, 2005). Dabei sind volkswirtschaftliche Ansätze von betriebswirtschaftlichen Erklärungsversuchen zu unterscheiden. Da in dieser Untersuchung einzelwirtschaftliche Unternehmen (Fußballvereine) im Vordergrund stehen, ist die volkswirtschaftliche Perspektive im weiteren Verlauf zu vernachlässigen.

Als ein wichtiges Motiv der Internationalisierung von Unternehmen ist die *Erschließung neuer Märkte* zu nennen (Köhler, 1995). Im Rahmen einer solchen Marktentwicklung versuchen die Unternehmen zu expandieren und den Umsatz zu steigern. Die Unternehmen suchen im Ausland neue Absatzmärkte für die gegenwärtig angebotenen Leistungen, mit der Zielsetzung, diese für Ihr Unternehmen zu erschließen.

Neben der Erschließung von neuen Absatzmärkten kann ferner die *Sättigung des Heimatmarktes* als ein Internationalisierungsmotiv angeführt werden (Köhler, 1995). Die Sättigungsgrenze in einem Markt ist dann erreicht, wenn innerhalb des Marktes das Bedürfnis nach einem bestimmten Produkt von allen Marktteilnehmern befriedigt ist (Wöhe, 2008). Wenn das Marktpotenzial auf nationaler Ebene ausgeschöpft ist, bemühen sich viele Unternehmen, ihren Markt im Ausland auszuweiten. Nach Auslegung Köhlers (1995) können gesättigte Heimatmärkte auch dann gegeben sein, wenn der Ausbau des Unternehmensumsatzes im Ausland leichter zu verwirklichen ist als auf dem Heimatmarkt.

Des Weiteren kann die *Verbesserung des Images* der Dienstleistung, der Marke oder des Unternehmens als ein zusätzlicher Grund für die Internationalisierung von Unternehmen gesehen werden. Nach Meffert & Bruhn (2003, S. 221) ist unter dem Image *„die aggregierte und subjektive Form sämtlicher Einstellungen eines Kunden zu einer Dienstleistung"* zu verstehen. Die internationale Erfahrung und der Erfolg in ausländischen Märkten eines Unternehmens können dabei von Nachfragern als zusätzliche Indikatoren zur Beurteilung der Qualität des Produkts oder der Leistung dienen (Köhler, 1995).

Abgesehen von den gerade aufgeführten nachfragebezogenen Internationalisierungsmotiven, gibt es zudem anbieterbezogene Motive. So ist die *Erreichung von Größeneffekten* (Economies of Scale) als ein bedeutsames, anbieterbezogenes Motiv anzusehen (Köhler, 1995). Durch Skalen- oder Größenvorteile und einer damit verbundenen Ausweitung der Produktionsmenge ergeben sich verminderte Durchschnittskosten. Dieses Konzept wurde ursprünglich für Sachgüterunternehmen erstellt, trifft jedoch nach Köhler (1995) trotzdem auch auf Dienstleistungsunternehmen zu, denn es umfasst alle Kosten, die in einer Unternehmung entstehen.

Ein weiteres anbieterbezogenes Motiv ist die *Erschließung neuer Einnahmequellen.* Durch die Erschließung von neuen Einnahmequellen in fremden Märkten ist es Unternehmen möglich, ihre Abhängigkeit vom Heimatmarkt zu verringern. Dementsprechend kann diese Maßnahme als Risikostreuung angesehen werden, wobei jedoch zu beachten ist, dass durch die Erschließung neuer Einnahmequellen zwar das unternehmerische Risiko auf verschiedene Märkte verteilt werden kann, die Internationalisierung selbst aber auch mit Risiken verbunden ist (Köhler, 1995).

Schließlich können noch *konkurrenzbezogene Motive* der Internationalisierung angeführt werden. Hierbei handelt es sich um ein reaktives Verhalten von Unternehmen, die Ihre Maßnahmen anhand der Internationalisierungsaktivitäten ihrer Konkurrenten ausrichten. Dieses defensive Verhalten seitens der Unternehmen begründet sich durch die Befürchtung, Wettbewerbsnachteile zu erleiden, wenn Konkurrenten im Ausland expandieren. Um jedoch einem solchen Nachteil zu entgehen, folgen die Unternehmen dem Vorbild ihrer Konkurrenten (Meffert & Bruhn, 2009).

Der konkurrenzbezogene Internationalisierungsgrund spielt nach Köhler (1995) vor allem eine große Rolle bei kleineren und mittleren Unternehmen, da diesen häufig die notwendigen Managementressourcen fehlen, um Auslandsmärkte systematisch zu erfassen.

Die genannten Internationalisierungsgründe können größtenteils auch für professionelle Fußballvereine angeführt werden. So ist die Erschließung neuer Märkte zur Schaffung neuer Einnahmequellen auch bei Fußballclubs als Internationalisierungsmotiv zu sehen. Ebenso sind Motive wie die Bedienung bereits vorhandener Fans im Ausland oder die Verbesserung des Images vorstellbar (Richelieu, 2006). Weitere für Fußballvereine wichtige Internationalisierungsmotive können im enormen internationalen Einnahmepotenzial sowie in der Sättigung der Heimatmärkte gesehen werden. Als Besonderheit von Fußballvereinen im Vergleich zu klassischen Unternehmen kann die Schaffung einer besseren Verhandlungsposition gegenüber Sponsoren als zusätzliches Internationalisierungsmotiv anführen.

### 2.2.3 Risiken der Internationalisierung

Neben den Chancen, einen neuen Markt zu erschließen, einen höheren Umsatz zu generieren oder das Image einer Unternehmensleistung zu optimieren, birgt die Internationalisierung auch Risiken, die beim Eintritt in einen Auslandsmarkt und seiner langfristigen Bearbeitung auftreten können und beachtet werden müssen. Köhler (1995) hat in diesem Zusammenhang eine empirische Untersuchung über mögliche Internationalisierungshindernisse von Dienstleistungsunternehmen durchgeführt. Einige der identifizierten Risiken und Hindernisse sollten auch bei der Internationalisierung von Fußballclubs in Betracht gezogen werden.

Für eine Internationalisierung muss einem Unternehmen ausreichend qualifiziertes Personal zur Verfügung stehen. Der *Faktor Personal* ist nach Köhler (1995) eine entscheidende Voraussetzung für die Internationalisierung von Dienstleistungsunternehmen und ist sowohl notwendig für die Durchführung selbst als auch für eine adäquate strategische Planung der Internationalisierung durch das Management.

Ein weiteres Problem kann durch *kulturelle Unterschiede* zwischen dem Heimatland des Dienstleistungsunternehmens und dem potentiellen Auslandsmarkt auftreten (Köhler, 1995). Unter Kultur wird die *„Gesamtheit der erlernten Verhaltensweisen und der übernommenen Einstellungen, Wertesysteme und Kenntnisse (...), die von Mitgliedern einer Großgruppe geteilt und tradiert werden“* verstanden (Weggel, 1989, S. 22). Diese Wertesysteme und Einstellungen spiegeln sich sowohl in den Verhaltensweisen der Konsumenten als auch im Managementverhalten der Unternehmen in Auslandsmärkten wider. Dementsprechend ist es eine wichtige Aufgabe des Unternehmens, sich an die im Vergleich zum Heimatmarkt unterschiedlichen Präferenzstrukturen der Konsumenten anzupassen.

Ferner können *Managementprobleme im Rahmen der Internationalisierung* als ein mögliches Problemfeld angeführt werden. Durch die Expansion der Aktivitäten auf ausländischen Märkten steigt die Komplexität der Managementanforderungen (Porter, 1990). Der Anspruch der Informationsverarbeitung an das Management wird durch den kulturellen Unterschied zusätzlich erschwert. Ebenfalls problematisch ist es in diesem Zusammenhang, wenn zu große Managementressourcen für die internationalen Aktivitäten gebunden werden, wodurch es zu einer Vernachlässigung der Aktivitäten auf dem Heimatmarkt kommen kann (Backhaus et al., 2000).

Schließlich können zudem die *Kosten der Internationalisierung* als ein mögliches Problem angeführt werden. Mit der Aufnahme von Aktivitäten in einem Auslandsmarkt steigen die Kosten für Gehälter, Mieten und geschäftliche Reisen. Darüber hinaus treten, je nach Eintrittsform, besonders zu Beginn des Internationalisierungsprozesses häufig enorme Investitionskosten auf. Dabei fallen die tatsächlichen Kosten der Internationalisierung eines Unternehmens häufig höher aus als im Vorfeld veranschlagt. Eine solche Fehleinschätzung tritt häufig bei international unerfahrenen Unternehmen auf und kann dazu führen, dass die Kosten der Auslandsaktivitäten nicht nur kurzfristig, sondern auch langfristig die Gewinne überschreiten (Köhler, 1995).

Auch die möglichen Risiken der Internationalisierung können bei Fußballvereinen auftreten. Dementsprechend kann das Risiko der mangelnden Verfügbarkeit von qualifiziertem Personal ebenso für Fußballvereine gelten. Auch die kulturellen Unterschiede zwischen Heimat- und Zielmarkt sind möglicherweise problematisch, insbesondere wenn der Fußball im Zielmarkt eine geringe Popularität aufweist. Unter Beachtung der Besonderheiten von Fußballvereinen kommen die Ortsgebundenheit der Vereine, die zeitlichen Einschränkungen aufgrund nationaler Spielpläne sowie die teilweise starke Abhängigkeit zwischen der nationalen Liga und dem Verein als weitere Problemfelder in Betracht.

### 2.2.4 Internationalisierungsprozess

Entscheidet sich ein Unternehmen im Rahmen der strategischen Planung, internationale Aktivitäten aufzunehmen, schließen sich weitere wichtige Entscheidungen an. Da das Leistungsspektrum eines Unternehmens meist sehr vielfältig ist, muss in einem ersten Schritt darüber entschieden werden, welche Aktivitäten auf ausländische Märkte ausgeweitet werden sollen (Kotler & Bliemel, 2007). Daran anknüpfend müssen die zu bearbeitenden Ländermärkte identifiziert und bestimmt sowie eine adäquate Markteintrittsstrategie erarbeitet werden. Sind diese Schritte erfolgreich bewältigt, ist schließlich über den Markteintrittszeitpunkt zu entscheiden (vgl. Abb. 6).

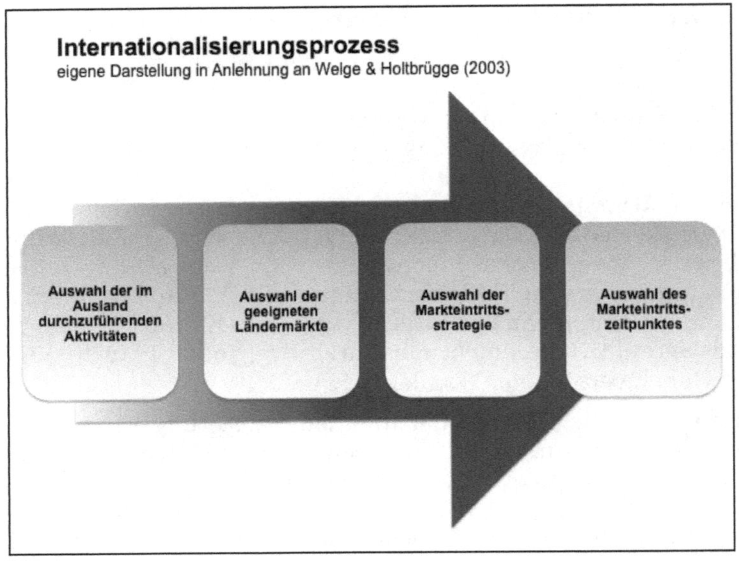


Abb. 6: Internationalisierungsprozess (eigene Darstellung in Anlehnung an Welge & Holtbrügge, 2003, S. 95).

#### 2.2.4.1 Auswahl der im Ausland durchzuführenden Aktivitäten

Da das Leistungsspektrum je nach Unternehmen unterschiedlich vielfältig ist, sollten Unternehmen nach Porter (1986) in einem ersten Schritt darüber entscheiden, welche Aktivitäten im Ausland aufgenommen werden sollen und welche nicht. Wie bereits erwähnt, besteht eine Unternehmung aus verschiedenen Bereichen, innerhalb derer unterschiedliche Leistungen erbracht werden (vgl. Abb. 7).

Für die Internationalisierung können nach Porter (1986) die folgenden Wertschöpfungsaktivitäten in Betracht gezogen werden:

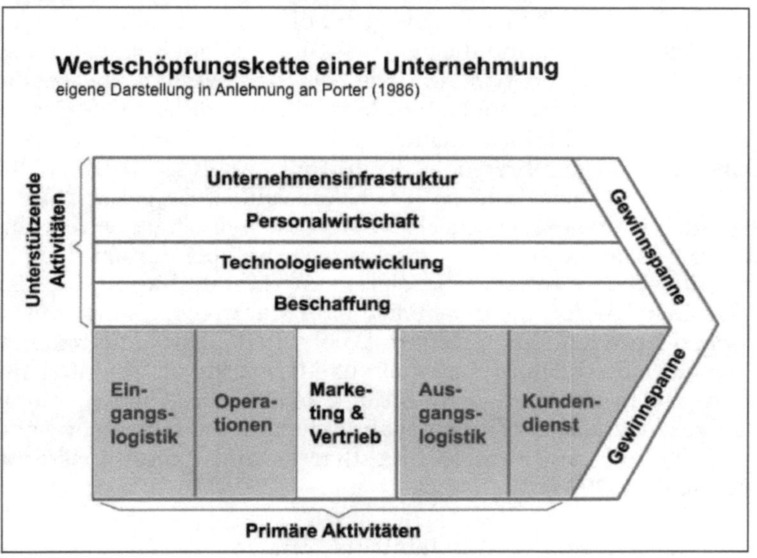


Abb. 7: Wertschöpfungskette (eigene Darstellung in Anlehnung an Porter, 1986, S. 21).

Da die Zielsetzung dieser Arbeit darin besteht, Erfolgsfaktoren der internationalen Vermarktung von Fußballvereinen aufzuzeigen, ergibt sich für den weiteren Verlauf der vorliegenden Arbeit die Konzentration auf den Bereich Marketing und Vertrieb. Für professionelle Fußballclubs kommen bis auf wenige Ausnahmen alle auch national angebotenen Vermarktungsaktivitäten in Frage. Dementsprechend ist die Suche nach Sponsoren oder der Verkauf von Fan-Artikeln ebenfalls im Ausland umsetzbar. Zudem weist die Vermarktung von Übertragungsrechten auf internationaler Ebene ein großes Potenzial auf. Diese und weitere Internationalisierungsmaßnahmen professioneller Fußballvereine werden im Ergebnisteil detailliert dargelegt.

#### 2.2.4.2 Auswahl der geeigneten Ländermärkte

Nach Auswahl der Unternehmensaktivitäten sollte eine Entscheidung darüber getroffen werden, welche ausländischen Märkte bearbeitet werden. Die Zielsetzung einer solchen Marktauswahl besteht darin, anhand geeigneter Kriterien jene Länder ausfindig zu machen, bei denen die geplanten Aktivitäten des Unternehmens erfolgversprechend erscheinen.

Die Marktauswahl wird nach Meffert & Bolz (1998) in zwei Stufen unterteilt: die Grobauswahl und die Feinauswahl. Bei der Grobauswahl sollen aus einer Vielzahl von Ländern jene selektiert werden, die bestimmte Grundkriterien für die geplanten Aktivitäten erfüllen. Die Grundlage dieser Grobauswahl bilden qualitative Verfahren wie beispielsweise das Punktbewertungsverfahren oder die Portfolio-Analyse (Meffert & Bruhn, 2009). Der Vorteil einer solchen ersten Auswahl ist ein geringer Komplexitätsgrad sowie eine vergleichsweise kostengünstige Durchführung. Nach der Grobauswahl erfolgt die Feinauswahl, bei der ein detaillierter Informationsbedarf besteht. Die Zielsetzung besteht hier in der Identifizierung jener Länder, bei denen sich eine Marktbearbeitung unter ökonomischen Kriterien lohnt (Meffert & Bolz, 1998). Um diese Kriterien zu bestimmen und schließlich adäquate Ländermärkte zu identifizieren, ist die Feinauswahl durch die Anwendung analytischer Untersuchungsmethoden gekennzeichnet. Zu den analytischen Methoden zählen verschiedene Verfahren der Entscheidungstheorie und Investitionsrechnung (Meffert & Bolz, 1998).

#### 2.2.4.3 Auswahl der Markteintrittsstrategie

Ist ein erfolgversprechender Auslandsmarkt gefunden, sollte in einem nächsten Schritt die Form des Markteintritts bestimmt werden (Meffert, 2000). Die Entscheidung über die Markteintrittsform ist eine strategische Entscheidung, die i.d.R. zu einer langfristigen Bindung führt. Aus diesem Grund erfordert diese Entscheidung eine hohe Aufmerksamkeit durch das Management.

In der wissenschaftlichen Literatur existiert eine Vielzahl von Versuchen, die verschiedenen Markteintrittsformen zu systematisieren (Meffert, 2000; Welge & Holtbrügge, 2003; Kotler & Bliemel, 2007). In diesem Rahmen werden folgende Abgrenzungskriterien hervorgehoben:

- Managementleistung und Kapitaleinsatz im In- und Ausland
- Kontrollmöglichkeiten der Auslandsaktivitäten
- Ausmaß der Kooperation mit anderen Unternehmen sowie
- Institutionelle Ansiedlung der Aktivitäten

Je nach Intensität der *Managementleistung* und Höhe des *Kapitaleinsatzes* im Ausland sind unterschiedliche Markteintrittsformen umsetzbar. Bei geringem Kapitaleinsatz und geringer Managementleistung im Gastland sind Eintrittsformen wie Export, Lizenzvergabe, Franchising und Vertragsfertigung zu nennen.

Neben der Höhe des Kapitaleinsatzes ist die *Kontrolle der Auslandsaktivität* ein weiteres wichtiges Kriterium der Markteintrittsstrategie. Dementsprechend ist zwischen den genannten Eintrittsformen dahingehend zu differenzieren, welche Kontrollmöglichkeiten die einzelnen Alternativen bieten. Da die Internationalisierung häufig durch Kooperationsformen zwischen zwei Unternehmen stattfindet, bemisst sich die Kontrolle an den abgeschlossenen Kooperationsverträgen.

> „Der Erfolg strategischer Allianzen beispielsweise hängt von mehreren Unternehmen ab, so dass die Kontrollmöglichkeiten aus Sicht des einzelnen Unternehmens relativ gering sind" (Meffert, 2000, S. 1240).

Aufgrund dieser Tatsache werden die Markteintrittsstrategien in der Literatur auch nach *dem Ausmaß der Kooperation* systematisiert (Kutschker, 2002).

Schließlich kann noch die *institutionelle Ansiedlung der Auslandsaktivitäten* als Kategorisierung der Markteintrittsformen genannt werden. Sie beschreibt, inwieweit die personellen oder sachlichen Ressourcen im Stammland verbleiben oder in den Auslandsmarkt transferiert werden. So sind die Ressourcen bei einem Export auf das Stammland konzentriert, bei dem Aufbau einer ausländischen Tochtergesellschaft hingegen ist ein umfangreicher Transfer von Sach- und Personalressourcen in das Gastland erforderlich (Meffert, 2000).

Von den genannten Abgrenzungskriterien der Markteintrittsstrategien findet die Differenzierung anhand von Managementleistung und Kapitaleinsatz im In- und Auslandsmarkt die häufigste Anwendung. Dieser Ansatz berücksichtigt den Ressourceneinsatz und die daraus resultierenden Eigentums- und Verfügungsrechte. In der Literatur herrscht Einigkeit darüber, dass mit steigendem Ressourceneinsatz eines Unternehmens im Auslandsmarkt die Kontrollmöglichkeiten im Zielmarkt ebenfalls zunehmen (Backhaus et al., 2000).

Im Rahmen dieser Untersuchung wird zwischen sechs Markteintrittsstrategien unterschieden, bei denen die Chancen, Risiken und Kosten mit zunehmendem Kapital- und Managementeinsatz steigen.

Zu den wichtigsten Typen der Markterschließung zählen folgende Formen (Meffert & Bolz, 1998; Schanz, 1995):

Abb. 8: Formen internationaler Markteintrittsstrategien (eigene Darstellung in Anlehnung an Meissner & Gerber, 1980, S. 224).

***Export:*** Unter Export wird im Allgemeinen der Verkauf von Gütern oder Leistungen ins Ausland verstanden. Das Unternehmen im Stammland behält dabei die alleinige Produktionsfunktion. Es wird zwischen direktem Export und indirektem Export unterschieden. Während der direkte Export über eine unmittelbare Geschäftsbeziehung zwischen dem inländischen und ausländischen Unternehmen erfolgt, ist beim indirekten Export eine intermediäre Handelsperson (z. B. Außenhandelsunternehmen, Exporthäuser etc.) zwischengeschaltet. Diese Form des Markteintritts ist durch eine geringe Kapital- und Managementleistung im Ausland gekennzeichnet (vgl. Abb. 8).

***Lizenzvergabe:*** Unter Lizenzierung ist ein vertragliches Abkommen zu verstehen, bei denen inländische Lizenzgeber ausländischen Lizenznehmern unter bestimmten Bedingungen intangible Vermögenswerte zur Verfügung stellen (Kotler & Bliemel, 2007). Lizenzierung gilt als eine Markteintritts- und Marktbearbeitungsstrategie, die primär die Bereiche Forschung und Entwicklung, Produktion sowie Absatz betrifft (Kutschker, 2002).

*Franchising*: Darunter versteht man ein vertikal-kooperativ organisiertes Absatzsystem rechtlich selbständiger Unternehmen auf der Basis eines vertraglich geregelten Dauerschuldverhältnisses. Dieses System tritt am Markt einheitlich auf und wird geprägt durch das arbeitsteilige Leistungsprogramm (Business Package) der Systempartner sowie durch ein Weisungs- und Kontrollsystem zur Sicherung eines systemkonformen Verhaltens. Hierbei gestattet der nationale Franchise-Geber dem ausländischen Franchise-Nehmer, gegen eine Franchise-Gebühr, die selbstständige Erbringung seiner Serviceleistung unter dem Zeichen des Franchise-Gebers (Berndt et al., 2003).

*Strategische Allianz:* Diese Eintrittsform liegt bei einer strategischen Partnerschaft von zwei oder mehr Unternehmen vor. Die Partner einer solchen Allianz beschließen dabei, in welchen Bereichen sie miteinander kooperieren. Im Gegensatz zu vielen Joint Ventures wird bei einer strategischen Allianz auf die Gründung eines Unternehmens (Gemeinschaftsunternehmen) sowie einer wechselseitigen Kapitalbeteiligung verzichtet (Berndt et al., 2003).

*Joint Ventures:* Zwei oder mehr Partner gründen ein gemeinschaftlich geführtes Unternehmen mit eigener Rechtspersönlichkeit, in dem Kapital, Know-how und gegebenenfalls auch bereits existierende Unternehmensteile eingebracht werden. Die Eigentums- und Kontrollrechte entsprechen i.d.R. den Kapitalanteilen (Kotler & Bliemel, 2007).

*Tochtergesellschaft:* Hierbei handelt es sich um ein direktes Kapitalengagement (Direktinvestition) ohne Partner auf dem Ländermarkt, wobei unterschiedliche Ausgestaltungsformen (Vertrieb, Produktion oder F&E) möglich sind.

Bei der Betrachtung der europäischen Spitzenclubs lässt sich für die untersuchten Vereine sagen, dass Direktinvestitionen in Auslandsmärkte bisher kaum vorgenommen werden (Jobst, Schlösser, Stylsvig, 2009). Die Möglichkeit eines vertraglichen Markteintritts in Form von Lizenzierungen, Joint Ventures oder Strategischen Allianzen lässt sich in der nahen Vergangenheit hingegen verstärkt beobachten. So ist die internationale Vermarktung der Vereine in den meisten Fällen über eine vertragliche Vereinbarung zwischen dem Verein selbst und dem jeweiligen Vermarkter charakterisiert. Diese Thematik wird im Rahmen der Auswertung nochmals aufgegriffen.

### 2.2.4.4 Wahl des Markteintrittszeitpunktes

Anknüpfend an die Entscheidung über die Eintrittsform in den ausländischen Markt erfolgt als letzter Schritt des Internationalisierungsprozesses die Festlegung des entsprechenden Markteintrittszeitpunktes. Meffert & Bruhn (2003, S.238) verstehen unter der Timing-Strategie die *„Planung und Realisation des Markteintrittszeitpunktes eines Unternehmens"*.

Hierbei wird darüber entschieden, ob ein Unternehmen im Rahmen des Internationalisierungsprozesses versucht, mehrere Länder gleichzeitig (simultan) oder nacheinander (sukzessiv) zu erschließen. Darüber hinaus geht es darum, einen relativen Zeitpunkt des Markteintritts im Vergleich zur Konkurrenz zu bestimmen.

Bezüglich der simultanen oder sukzessiven Abfolge des Markteintritts finden sich in der Literatur die Wasserfall- sowie die Sprinklerstrategie (Meffert & Bolz, 1998).

Die sukzessive Markteintrittsstrategie (Wasserfallstrategie) verfolgt das Ziel, Produkte oder Dienstleistungen zunächst auf einem Markt erfolgreich zu etablieren. Die Expansion in weitere Auslandsmärkte wird erst dann vorgenommen, wenn entsprechende Zielvorgaben erfüllt sind und Erfahrungen gesammelt wurden (Berndt et al., 2003). Ein Vorteil ist ein verhältnismäßig geringes Risiko bei der Konzentration auf immer nur einen Auslandsmarkt, im Gegensatz zur simultanen Markteintrittsstrategie (Sprinklerstrategie). Aus diesem Vorteil kann sich jedoch gegebenenfalls auch ein Nachteil ergeben, denn es besteht die Gefahr, dass weitere interessante Märkte vernachlässigt und von Konkurrenten erschlossen werden.

Der Wasserfallstrategie steht die Sprinklerstrategie gegenüber. Bei dieser wird versucht, möglichst viele Auslandsmärkte zeitgleich oder innerhalb kurzer Zeit zu erschließen. Die Vorteile dieser Strategie können darin bestehen, dass eine Risikostreuung auf multiple Märkte erfolgt und eine Realisierung von Größenvorteilen erreicht werden kann. Nachteile ergeben sich durch den hohen Aufwand an finanziellen, sachlichen und personellen Ressourcen (Meffert & Bolz, 1998).

Neben dem Entschluss darüber, ob die Auslandsmärkte simultan oder sukzessiv erschlossen werden sollen, ist es weiterhin wichtig, den relativen Zeitpunkt des Markteintritts im Vergleich zu den Konkurrenten zu bestimmen. In der Literatur werden als Grundtypen von Timing-Strategien die Pionier-Strategie und die Folger-Strategie unterschieden (Meffert & Bruhn, 2009). Die Pionier-Strategie verfolgen Unternehmen, die als erstes in einen Markt eintreten und versuchen ihre Produkte und

Leistungen zu vermarkten. Diese Unternehmen, die als erstes in einen neuen Absatzmarkt eintreten, können gegebenenfalls größere Gewinne abschöpfen (Welge & Holtbrügge, 2003). Außerdem können Markteintrittsbarrieren aufgebaut werden, die einen späteren Markteintritt von Konkurrenten erschweren. Hierzu zählen z. B. die leichtere Durchsetzung von Branchenstandards, die Setzung von Präferenzstrukturen und die langfristige Kundenbindung (Meffert & Bruhn, 2009). Demgegenüber besteht die Schwierigkeit, die aufgebauten Wettbewerbsvorteile auch dauerhaft abzusichern.

Die Unternehmen, die zu einem späteren Zeitpunkt in den Markt eintreten, werden als *Folger* bezeichnet. Die Vorteile der Folger-Strategie ergeben sich aus den Nachteilen der Pionier-Strategie. So kann der *Folger* aus den Erfahrungen des Pioniers lernen und somit Fehlinvestitionen vermeiden. Außerdem können sich nachfolgende Unternehmen an die aufgebauten Branchenstandards anlehnen und brauchen sie nicht mit eigenen finanziellen Mitteln aufzubauen (Bruhn, 2005). Der zentrale Nachteil der Folger-Strategie besteht allerdings in den zu überwindenden Markteintrittsbarrieren des Pioniers.

## 2.3 Rolle der Markenbildung bei der Internationalisierung

Nach der generellen Einleitung zu den Themen Professionalisierung und Internationalisierung gilt es nun, das Markenverständnis der Arbeit festzulegen. Zunächst geht es darum, den Begriff der Marke und der Markenbildung allgemein zu bestimmen. Hierbei sollte man beachten, dass es in der wissenschaftlichen Literatur verschiedene Ansätze gibt, eine Marke zu definieren und zu beschreiben, die je nach Autor stark variieren können. Das Verständnis vom Wesen einer Marke unterliegt aufgrund der Veränderungen von Markt- und Umweltbedingungen einem ständigen Wandlungsprozess. Die veränderten Rahmenbedingungen schaffen nicht nur unterschiedliche Markenbegriffe, sondern auch verschiedene Ansätze der Markenführung (Meffert, 2000). Nichtsdestotrotz lassen sich einige gemeinsame Grundlagen herausarbeiten.

Nach Kotler et al. (2003) ist eine Marke ein Name, ein Wort, ein Zeichen, ein Symbol, eine Zeichnung oder eine Kombination dieser Merkmale, welche darauf zielt, Güter und Dienstleistungen eines Unternehmens von denen der Konkurrenz zu differenzieren. Kapferer (2008) unterstreicht darüber hinaus, die Wichtigkeit einer Marke als ein System von drei interagierenden Polen zu sehen: ein Konzept, ein Name und ein Set von Zeichen sowie ein Produkt oder eine Dienstleistung. Eine Marke ist ein Versprechen des Unternehmens an die Verbraucher und dieses Versprechen basiert auf der Einheitlichkeit und Kontinuität aller Produkte unter dem Markennamen (Aaker 1994). Entscheidend ist dabei, die Konsumenten langfristig an die Marke zu binden. Um diese Markenpräferenz zu erreichen, muss ein Vertrauensverhältnis zwischen Konsument und Marke aufgebaut werden. Die damit einhergehende Markentreue ermöglicht es dem Unternehmen, im Vergleich zu den Wettbewerbern, einen höheren Preis zu verlangen und somit höhere Gewinne zu erwirtschaften. Im Gegensatz zu unmarkierten Produkten erweisen sich Marken als weniger anfällig gegenüber Marktschwankungen und garantieren somit eine erhöhte Absatzsicherheit (Bruhn, 2004). Aus Konsumentensicht haben Marken eine Orientierungsfunktion, besonders in der heutigen Zeit, die geprägt ist von einem Überangebot an Waren und Dienstleistungen. Eine Marke stellt somit zum Einen eine wichtige Entscheidungshilfe dar, zum Anderen reduziert eine Marke als wahrgenommenes Qualitätsmerkmal die Unsicherheit des Konsumenten und führt somit zu einer Verringerung des subjektiv wahrgenommenen Kaufrisikos (Augustowsky & Nold, 2003). Mit jeder bekannten Marke werden gewisse Assoziationen verbunden. Anzahl und Ausprägung der Assoziationen geben der Marke ein spezifisches Gesicht (Ruge, 2001). In diesem Zusammenhang spricht man vom Markenwert, der die Gesamtheit der Eigenschaften einer Marke umschreibt. Der Markenwert setzt sich beispielsweise zusammen aus der Markenbekanntheit, der angenommenen Qualität, der sachlichen und emotionalen Markenassoziationen sowie aus Patenten (Ruge, 2001). Die Stärke in den Ausprägungen und das Vertrauen bestimmen die Höhe des Markenwertes und verleihen der Marke ihre eigene Identität.

Im Rahmen der Zielsetzung dieser Arbeit muss darüber hinaus geklärt werden, welche Eigenschaften eine *globale* Marke aufweist und welche Rolle die Marke konkret bei der Internationalisierung spielt. Diese Ergebnisse werden dann auf die Markenbildung im Sport und hier insbesondere in Fußballvereinen übertragen.

So muss eine globale Marke per Definition eine relevante Bedeutung für Menschen in verschiedenen Märkten aufweisen, also auch jenseits des ursprünglichen Heimatmarktes (Van Gelder, 2004). Nach Steenkamp et al. (2003) entsteht bei globalen Marken eine Wahrnehmung der Überlegenheit, Qualität und der Präferenz in den Köpfen der Konsumenten. Aufgrund dieser Eigenschaften und der globalen Reichweite durch die Medien, machen es globale Marken für Unternehmen leichter, internationale Märkte zu erschließen. Außerdem können globale Marken, besonders im Marketing und der TV-Vermarktung, von Skaleneffekten profitieren (Van Gelder, 2004). Aufgrund der genannten Vorteile wird es zunehmend erforderlich, ein strategisches internationales Markenmanagement aufzubauen. Nach Meffert (1992) soll die internationale Ausrichtung des Markenmanagements dabei das langfristige Ziel der Markenwertsteigerung verfolgen. Dies soll, neben der Fokussierung auf Skaleneffekte, auch durch Economies of Scope und dem Aufbau eines internationalen Markenimages erreicht werden. Economies of Scope beziehen sich auf die Erhöhung des Innovationspotentials durch Lerneffekte, was langfristig zur Sicherung einer weltweiten Qualitätsführerschaft führen soll (Meffert, 1989). Eine globale Ausweitung der Marke kommt laut Homburg und Fassnacht (1998) besonders für Unternehmen in Frage, deren Stammmärkte geringe Wachstumsraten und eine hohe Wettbewerbsintensität aufweisen. Der Erfolg einer globalen Markenstrategie wird von verschiedenen Faktoren beeinflusst. Diese Faktoren können zum Einen *externer* Natur sein, wie beispielsweise soziale und kulturelle Strömungen oder bestimmte kulturelle Stereotypen wie das Label *Made in Germany*. Zum Anderen können die Faktoren *interner* Natur sein, also Eigenschaften, die das Produkt selbst betreffen - eine regionale Sprache oder Dialekt oder ein gutes Image (Lewis & Stubbs, 1999). Weitere kritische Erfolgsfaktoren sind Gesetze und Regularien, Wettbewerber im Markt, Unterschiede im Konsumentenverhalten oder lokale Produkteigenheiten (De Chernatony et al., 1995).

Professionelle Sportteams und Sportveranstaltungen stellen konkrete Beispiele für die Herausforderung an das Marketing dar, eine globale Markenstrategie erfolgreich zu entwickeln und zu implementieren (Richelieu, 2004). Der Aufbau einer starken Marke erlaubt es den Sportteams, einen hohen Grad an Vertrauen und Loyalität bei den Fans zu erreichen (Holt, 1995). Dieses Vertrauen und die loyale Haltung gegenüber der Marke bietet den Clubs die Möglichkeit, zusätzliche Einnahmen in Form von Spieltageinnahmen und Merchandising-Artikeln zu generieren (Gustafson, 2001). Der Grad der Ausprägung einer starken Marke im Sport bestimmt außerdem die Höhe der Einnahmen durch Sponsoren und Medien (Mason, 2005). Eine Besonderheit des Sports besteht in der *emotionalen* Verbindung der Fans mit ihrem favorisierten Team. Diese Bindung übersteigt in der Emotionalität das normale Verhältnis zwischen Marke und Konsument in der freien Wirtschaft und unterstreicht somit die besondere Bedeutung der Markenbildung im Sport (Holt, 1995). Neben dem direkten Effekt einer Marke auf die Umsätze der Vereine, sollen vor Allem auch die Fanbeziehungen intensiviert werden. Im Sport ist keine Mannschaft der Welt vor einer Reihe von Misserfolgen geschützt und so soll eine starke Marke davor bewahren, dass Fans beim Ausbleiben von Erfolg zu einem anderen Verein überwechseln (Couvelaere & Richelieu, 2005). Außerdem erlaubt es eine Marke, sich auf dem Markt gegenüber anderen Mannschaften und Freizeitangeboten zu positionieren. Dies wird in der heutigen Zeit immer wichtiger, da

Sport zunehmend mit anderen Freizeitangeboten wie Kinobesuchen, Reisen oder Restaurantbesuchen konkurriert (Burton & Howard, 1999).

Diese Reihe von Faktoren zeigt somit, warum der Markenaufbau im Sport eine derart wichtige Rolle spielt. Abschließend soll nun kurz erklärt werden, was letztlich einzelne Marken im Sport so erfolgreich macht. Für Fußballvereine scheint dabei dem Herkunftsland als Qualitätssiegel eine besondere Stellung zuzukommen. Nach Hill und Vincent (2006) profitiert Manchester United beispielsweise von der englischen Herkunft und somit dem Label „Mutterland des Fußballs". Dabei geht es zum Einen um die Premier-League, die als Fußballliga international einen hervorragenden Ruf genießt und zum Anderen um die Tradition und das Erbe im englischen Fußball allgemein. Sowohl die Nationalmannschaft, als auch viele Clubs der Premier-League, blicken auf eine lange und erfolgreiche Vergangenheit zurück. Geschichte und Herkunft sind also besondere Eckpfeiler einer starken Marke im Sport (Hill & Vincent, 2006). Des Weiteren ist eine ausgeprägte eigene Identität und somit eine Differenzierung zu anderen Clubs von besonderer Bedeutung. Manchester United steht z.B. für die nachhaltige Entwicklung von Talenten und den typischen Angriffsfußball des Clubs (Hill & Vincent, 2006). Real Madrid vereint Werte wie Erhabenheit und Erfolg und genießt gleichzeitig den Ruf, stets spektakuläre Spieler in den eigenen Reihen zu haben (Jobst, 2009). Der FC Barcelona steht in der Öffentlichkeit besonders für attraktiven Fußball und aufgrund der katalanischen Identität, für Werte wie Solidarität, Integration und Freiheit (Schlösser, 2009).

Es bleibt also festzuhalten, dass eine erfolgreiche Markenbildung ein wichtiger Bestandteil jeder Unternehmung bei der Internationalisierung darstellt. Im Sport und im Fußball trifft dies umso mehr zu, da die Beziehung zwischen Vereinen und Fans in der Markentreue und -loyalität eine höhere Ausprägung hat, als das im Verhältnis zwischen Unternehmen und Konsumenten in der freien Wirtschaft der Fall ist.

# 3 Methodik

## 3.1 Untersuchungsmethode

Der Untersuchungsgegenstand dieser Arbeit wird anhand eines teilstandardisierten Experteninterviews dargestellt und ausgewertet. Die Befragungen werden mit Mitarbeitern aus dem Management der spanischen Vereine FC Barcelona, Real Madrid C.F. sowie dem englischen Verein Manchester United F.C. geführt. Des Weiteren fließen wichtige Standpunkte untersuchungsrelevanter Experten aus Literatur, Case Studies und Medien in die Arbeit mit ein.

Die genannten Vereine sind sowohl sportlich als auch wirtschaftlich als europäische Spitzenmannschaften einzuordnen. Neben Erfolgen in den nationalen Wettbewerben weisen diese Vereine auch zahlreiche Erfolge auf internationaler Ebene vor. Nach einer Studie von Deloitte (2009) gehören die Vereine zu den drei einkommensstärksten Fußballclubs Europas. Es sind zwar keine verifizierten Daten vorhanden, jedoch lässt sich vermuten, dass sie damit auch die einkommensstärksten Fußballvereine der Welt sind. Hieraus lässt sich die besondere Eignung der Vereine für das Untersuchungsinteresse dieser Arbeit ableiten.

Wie zuvor erwähnt, ist das teilstandardisierte Experteninterview die zentrale Erhebungsmethode dieser Untersuchung. Im Folgenden soll kurz erläutert werden, warum dieser methodische Ansatz ausgewählt wurde. Anknüpfend daran werden die zentralen Fragestellungen sowie der Untersuchungsablauf der Experteninterviews näher beschrieben. Abschließend erfolgt die Vorstellung der ausgewählten Experten.

## 3.2 Leitfadeninterview

In der Kommunikationswissenschaft werden zur Beantwortung der Lehr- und Forschungsfragen überwiegend vier Methoden angewandt:

Befragung / Interview

Aussagen / Inhaltsanalysen

Beobachtung

Experiment (Merten & Teipen, 1991)

Bei der vorliegenden Untersuchung wurde die Methode der Befragung / Interview verwendet. Eine Form der Interviewführung stellt das leitfadengestützte Interview dar. Kennzeichnend für diese Form der Interviewführung ist, dass ein Leitfaden mit offen formulierten Fragen dem

Interview zugrunde liegt. Der Leitfaden dient als Orientierung respektive als Gerüst und soll sicherstellen, dass wesentliche Aspekte der Forschungsfrage im Interview nicht übersehen werden (Flick, 1999). Diese Interviewmethode orientiert sich an der Forderung nach Offenheit qualitativer Forschung; der Interviewer kann aus der gegebenen Situation heraus Fragen entwickeln und ist an kein Frage-Antwort-Schema gebunden. Durch den offenen Charakter des Gesprächs soll zum einen eine vertraute Atmosphäre geschaffen werden und zum anderen ein Offenlegen persönlicher Erfahrungen der Handelnden provoziert werden (Bock, 1992). Das leitfadengestützte Experteninterview eignet sich besonders gut, um Meinungen, Einstellungen, Wissen und Wertvorstellungen zu erfassen (Merten & Teipen, 1991). Dieses ist für den Untersuchungsgegenstand dieser Arbeit von vorrangiger Bedeutung.

Die Vergleichbarkeit der Experteninterviews ist für eine detaillierte Analyse eine erforderliche Grundlage (Friebertshäuser, 1997). Um dieses zu gewährleisten, wurde für diese Untersuchung ein thematisch standardisierter Leitfaden entworfen. Bei dieser Art der Befragung werden einzelnen Themenkomplexen sogenannte Nachfrage-Themen zugeordnet. Dementsprechend waren die zentralen Themenschwerpunkte des Interviews festgelegt, nur die zeitliche Abfolge der Fragen sowie die Formulierungen können aufgrund unterschiedlicher Gesprächspartner bzw. Gesprächsverläufe variieren. Die halbstrukturierten leitfadengestützten Gespräche stellen dabei einen Kompromiss zwischen zum Teil vorgegebenen Fragen und dem freien Gespräch dar (Bock, 1992). Nur diese Methode ermöglicht, es sowohl die Tiefe als auch die Breite des Themas abzudecken und dadurch vielfältige, jedoch vergleichbare Ergebnisse zu erhalten.

Die Interviewschwerpunkte dieser Untersuchung wurden auf Grundlage der theoretischen Bearbeitung des Themengebietes ausgewählt. Zielsetzung dieser Arbeit ist die Ermittlung der Erfolgsfaktoren der Internationalisierung europäischer Spitzenclubs am Beispiel herausragender Vereine aus Spanien und England. Dieses Themengebiet besitzt einen weitreichenden Umfang, weshalb eine gute Vorbereitung der Interviewschwerpunkte zwingend notwendig ist, um im begrenzten Interviewzeitraum qualitative Informationen gewinnen zu können. Ebenso wichtig ist eine grundlegende Expertise des Interviewführenden.

## 3.3 Fragestellung der Untersuchung

Da diese Arbeit eine betriebswirtschaftliche Perspektive einnimmt, sind auch im Rahmen der Experteninterviews die Schwerpunkte auf die wirtschaftlichen Bereiche der Clubs ausgerichtet. Wie bereits erwähnt, bezieht sich das Leitfadeninterview auf ausgewählte Themenkomplexe, zu denen qualitativ und quantitativ angemessene Informationen über die Internationalisierung der Vereine abgefragt werden sollen.

Die größte Problematik bzw. Schwierigkeit der Experteninterviews dieser Arbeit ergab sich aus der Komplexität des Themengebiets auf der einen und der zeitlichen Eingrenzung des Interviews auf der anderen Seite. Daher wurde bei der Interviewführung darauf geachtet, dass nach einer kurzen Einleitung in das Gespräch, eine direkte und spezifische Hinführung auf die relevanten Themengebiete stattfand. Innerhalb der Themenschwerpunkte spielte zudem die Technik des *Trichterns* eine Rolle (Pürer, 1998). Zu Beginn wurden weniger spezifische Fragen gestellt, die dann je nach Verlauf mit spezifischeren Fragen unterlegt wurden. Kam es zu Beginn eines Interviews schon zu der Beantwortung sehr spezieller Fragen, wurden diese während des Interviews aus dem Leitfaden herausgefiltert. Dadurch wurde zum einen die offene Beantwortung der Fragen gewährleistet und gleichzeitig wurden Antwortüberschneidungen vermieden.

## 3.4 Untersuchungsablauf

Auf der Basis der entwickelten Interviewleitfäden wurden drei Experten aus den Marketingbereichen der Clubs ausgewählt. Einige Tage vor dem eigentlichen Interview erhielten die Gesprächspartner ein Informationsschreiben per E-Mail, das sie mit dem Verlauf und den relevanten Themengebieten vertraut machte. Die telefonische Befragung der Experten fand entweder in deutscher oder englischer Sprache statt und dauerte zwischen 30 und 60 Minuten. Um eine vergleichbare Auswertung der einzelnen Interviews sicherzustellen, wurden die Gespräche aufgezeichnet. Im Vorfeld des Interviews war in zwei von drei Fällen zu klären, inwieweit Vereinsdaten abgefragt werden und wer die Adressaten dieser Arbeit sind. Die Angst vor dem Missbrauch von vereinsinternen Daten war folglich vorhanden. Diese Angst wurde den Gesprächspartnern jedoch genommen, so dass sie detailliert auf alle Fragen antworten konnten. Die Experten wurden nach dem telefonischen Gespräch nochmals per E-Mail kontaktiert, um Detailfragen zu klären. Dies sollte zum einen die Qualität und Quantität der Informationen erhöhen, zum anderen dazu beitragen, die Ergebnisse der Interviews hinsichtlich ihrer Vergleichbarkeit zu optimieren. Die erzielten Ergebnisse der Interviews sowie der schriftliche E-Mail-Verkehr sind im Anhang dieser Arbeit zu finden.

Die Interviews erfolgten im Zeitraum von September bis Oktober 2009.

## 3.5 Experten

Alle drei Interviewpartner waren bzw. sind im Topmanagement der Vereine tätig. Aufgrund langjähriger Erfahrung im Bereich der Internationalisierung von Fußballclubs verfügen sie über eine große Expertise und sind ideale Gesprächspartner für die Zielsetzung dieser Arbeit.
Bei den befragten Experten handelt es sich um:

- **Alexander Jobst**, Real Madrid Club de Futbol, Head of International Business Development, 01/2006 bis 12/2007.
- **Daniel Schlösser**, FC Barcelona, Sponsorship Director 2003-2005 Commercial Director 2005 bis 2007, Chief Marketing Commercial and Media Officer, 2007 bis 08/2008.
- **Casper Stylsvig**, Manchester United F.C., Sponsorship Manager seit 2007.

# 4 Ergebnisteil

## 4.1 Erfolgsfaktorenforschung/ Erfolgsmodell

Im Zuge der Internationalisierung steht die strategische Unternehmensführung vor der Aufgabe, mögliche Erfolgsfaktoren zu identifizieren und die weitere Unternehmensplanung daran auszurichten. Hierzu werden überschaubare Orientierungen benötigt, um Strategien und Erfolgsaussichten zu finden (Trommsdorff, 1990). Die Erfolgsfaktorenforschung (EFF) zielt auf derartige Orientierungsgrundsätze ab, um Determinanten des Unternehmenserfolges zu ermitteln und damit eine Grundlage für die Entwicklung von Strategien bereitzustellen. Vor über 20 Jahren begann die Betriebswirtschaftslehre bereits damit, die zentralen Einflussfaktoren erfolgreicher Unternehmensführung empirisch zu erforschen (Trommsdorff, 1990).

Da die zentrale Zielsetzung dieser Arbeit darin besteht, die Erfolgsfaktoren der Internationalisierung von europäischen Spitzenvereinen im Fußball zu ermitteln, ist eine begriffliche Präzision der Erfolgsfaktorenforschung dringend erforderlich.

In der Literatur wird der Begriff *Erfolg* nicht einheitlich verwendet. Die Ursache hierfür liegt darin begründet, dass der Erfolg immer in Abhängigkeit vom Zielsystem der Unternehmung betrachtet werden muss. Erst nachdem unternehmungsspezifische Zielvorstellungen formuliert wurden, kann über Erfolg oder Misserfolg entschieden werden. Der Erfolg hängt letztendlich davon ab, inwieweit die einzelnen Komponenten des Zielsystems erreicht werden. Der Grad dieser Zielerreichung kann mithilfe von Erfolgsindikatoren gemessen werden. Je nach Zielformulierung werden unterschiedliche Indikatoren herangezogen. So werden häufig leicht quantifizierbare Größen wie Gewinn, Marktanteil oder Umsatzwachstum zur Ermittlung des Unternehmenserfolges herangezogen. Anhand dieser Indikatoren lassen sich erfolgreiche von weniger erfolgreichen Maßnahmen unterscheiden (Wahle, 1991).

Durch die Festsetzung von Erfolgsindikatoren wird ein Zusammenhang zwischen Erfolg und Erfolgsfaktoren hergestellt.

Zwar sind in der Literatur eine Reihe detaillierter Abhandlungen über die exakte Bestimmung und Definition über das Wesen von Erfolgsfaktoren zu finden, es ist jedoch im Rahmen dieser Arbeit ausreichend, dem Begriffsverständnis von Wahle (1991) zu folgen:

1. Als Erfolgsfaktor werden Faktoren oder Charakteristika verstanden, die den Erfolg oder auch Misserfolg einer Unternehmung oder

Branche, einer strategischen Geschäftseinheit, eines Produktes oder einer Marke beeinflussen.

2. Erfolgsfaktoren haben immer eine strategische Dimension, d.h. sie sind langfristig wirksam und begründen einen Wettbewerbsvorteil bzw. -nachteil gegenüber den Konkurrenten.
3. Erfolgsfaktoren sind sowohl innerbetrieblich als auch außerbetrieblich zu suchen.

Die Erfolgsfaktorenforschung wird in vielen betriebswirtschaftlichen Beiträgen in ganz unterschiedlichen Bereichen eingesetzt. Oftmals bezieht sich die EFF auf einen ganzen Wirtschaftszweig wie z.B. derer von Handelsbetrieben oder von Dienstleistungsbetrieben (Barth & Grabow, 1998). Aus diesen Beiträgen lassen sich zahlreiche wichtige Erkenntnisse für das Forschungsziel dieser Arbeit gewinnen und übertragen. Dennoch ist eine derart allgemeine Betrachtung der EFF für diese Arbeit nicht ausreichend. Die Fußballbranche ist durch eine hohe Anzahl an Besonderheiten geprägt, die einer speziellen betriebswirtschaftlichen Zuwendung bedürfen. Dementsprechend ist auch eine Anpassung der EFF an die speziellen Gegebenheiten der Fußballbranche von Nöten. Eine weitere Anforderung an die EFF ist die Bestimmung des Blickwinkels, aus der die Untersuchung unternommen werden soll. Um diesen Forderungen Rechnung zu tragen, wurde im Rahmen dieser Arbeit eigens ein Modell entwickelt, welches die Besonderheiten der Fußballbranche berücksichtigt und sich dabei speziell auf die Internationalisierung bezieht.

### 4.1.1 Beschreibung des Modells

Um die komplexen Zusammenhänge der Internationalisierung europäischer Fußballclubs vereinfacht darzustellen und diese für den Leser auf die wesentlichen Bestandteile zu reduzieren, erscheint die Entwicklung eines Modells als ein geeigneter Arbeitsschritt.

> „Modelle sind Gegenstand der wissenschaftlichen Methodik und dienen dazu, die zu untersuchende Realität durch bestimmte Erklärungsgrößen im Rahmen einer wissenschaftlich handhabbaren Theorie in einer Graphik darzustellen".
>
> (Hagedorn, 1990, S. 12)

Gleichzeitig dient das Modell auch als Grundlage für den Leitfaden der Experteninterviews, die im Rahmen dieser Arbeit durchgeführt wurden. So werden die Ergebnisse im folgenden Kapitel entlang dieses Modells präsentiert, wodurch sich die Analyse für den Leser wesentlich strukturierter und übersichtlicher gestaltet.

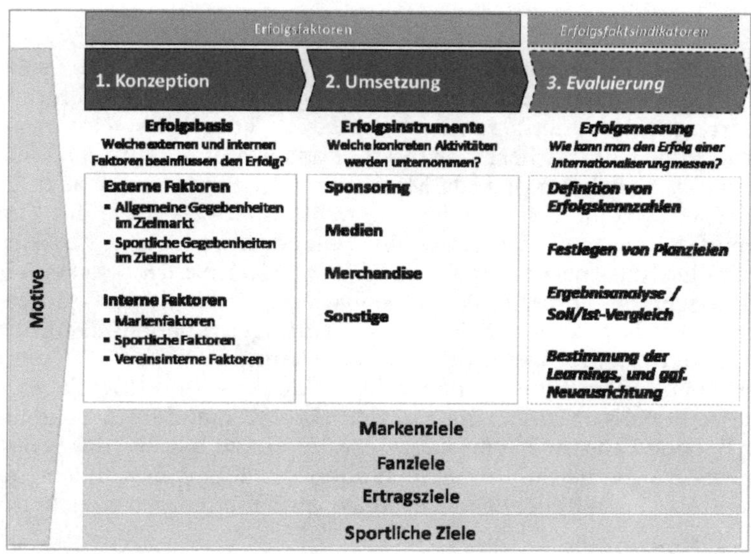


Abb. 9: Internationalisierungsmodell europäischer Spitzenvereine im Fußball (eigene Darstellung)

Das Modell nimmt somit in dieser Arbeit eine Art Doppelfunktion ein: Zum Einen soll es den komplexen Prozess der Internationalisierung von Fußballvereinen vereinfacht darstellen. Zum Anderen dient es dazu, die Erkenntnisse dieser Arbeit beschreib- und verstehbarer zu machen.

An dieser Stelle soll vorab der *Aufbau* des Modells kurz erläutert werden. Es geht in diesem Kapitel somit noch nicht um eine inhaltliche Auswertung der einzelnen Punkte des Modells. Vielmehr soll in diesem Abschnitt die Grundlage geschaffen werden, um die detaillierten Ergebnisse der Experteninterviews einfacher präsentieren zu können.

Die einzelnen Elemente des Modells lassen sich wie folgt beschreiben:

**Motive**

Zu Beginn der Internationalisierung, stehen eine Reihe unterschiedlicher Motive, die die Frage beantworten, *warum* sich Fußballvereine dazu entscheiden, internationale Märkte zu erschließen. Welche Motive der Internationalisierung dabei auftreten können, wurde bereits in Kapitel 2.2.2 diskutiert und muss daher an dieser Stelle nicht nochmals vertieft werden.

### Ziele

Wie später im Ergebnisteil noch weiter erläutert wird, befinden sich alle untersuchten Vereine noch in einer relativ frühen Phase der Internationalisierung. Eine Orientierung an der *besten* Vorgehensweise ist somit aufgrund der frühen Phase der Internationalisierung kaum möglich. Da ein internes Benchmarking als Managementmethode somit nicht angewendet wird, kommt der totalen Ausrichtung auf die *Ziele* des Vereins während des gesamten Prozesses eine besondere Bedeutung zu. Hier gilt festzuhalten, dass neben reinen *Ertrags- und Markenzielen*, wie bei regulären Wirtschaftsunternehmen zu beobachten, Fußballclubs zudem bestimmte *sportliche Ziele* sowie *Fanziele* verfolgen können. Traditionelle Ziele wären beispielsweise die Markenbekanntheit in den Zielmärkten zu erhöhen oder höhere Sponsoring-, Medien- und Merchandising-Erlöse zu erzielen. Darüber hinaus sind aber auch andere Ziele denkbar, wie z.B. neue Fans im Zielmarkt an den Verein zu binden, das Scouting-Netzwerk im Zielmarkt auszubauen oder, durch eine gewonnene globale Ausstrahlung, mögliche Spieler-Neuverpflichtungen zu erleichtern.

### Phase 1: Konzeption

Die Phase der Konzeption beschäftigt sich mit der Frage *wie* die Internationalisierung umgesetzt werden soll. In dieser Phase wird die Erfolgsbasis für den Internationalisierungsprozess gelegt. Dabei werden externe und interne Faktoren unterschieden.

*Externe Faktoren* sind per Definition Faktoren, die durch den Vereine nicht beeinflusst werden können. Bei der Entscheidung, in welche Märkte man eintritt, spielen diese Faktoren eine entscheidende Rolle. Dabei lassen sich *allgemeine* Gegebenheiten von spezifischen, *sportlichen* Gegebenheiten unterscheiden. Die allgemeinen externen Faktoren kann man zudem weiter in die Bereiche (a) ökonomische, (b) politisch-rechtliche, (c) soziokulturelle und (d) technologische Faktoren einteilen. Ökonomische Faktoren beinhalten beispielsweise Größen wie das wirtschaftliche Wachstum im Zielmarkt, Inflation, Wechselkurse, Arbeitslosigkeit oder die Kaufkraft. Besonders die Kaufkraft, also das verfügbare Einkommen pro Haushalt, steht bei Überlegungen im Bereich Merchandising im Mittelpunkt. Politisch-rechtliche Faktoren beschreiben, zu welchem Grad Regierungen in die wirtschaftlichen Belange eines Landes eingreifen und wie sie den rechtlichen Rahmen setzen, in denen Wirtschaftseinheiten operieren müssen. Dazu zählen u.a. Faktoren wie die Steuerpolitik, Zollbestimmungen, Handelsrestriktionen und die politische Stabilität im Land. Darüber hinaus ist hier auch der Einfluss der Politik auf das Gesundheitssystem, die Bildung oder die Infrastruktur gemeint. Die rechtliche Dimension beinhaltet u.a. das Handelsrecht, den Verbraucherschutz oder das Arbeitsrecht. Für Fußballvereine im Internationalisierungsprozess könnten beispielsweise rechtliche Fragen im Medienbereich von hoher Relevanz sein oder auch Handelsrichtlinien bei der Ein- und Ausfuhr von Merchandising-Artikeln. Auch soziokulturelle Aspekte können bei der Auswahl der Zielmärkte eine Rolle spielen. Hier sind Kräfte gemeint, die innerhalb von Gesellschaften und Kulturen wirken und das Denken, die Werte oder Verhalten von Individuen beeinflussen. In diese Kategorie fallen u.a. Faktoren wie das Gesundheitsbewusstsein der Bevölkerung, die Einwohnerentwicklung, die Altersverteilung und die Rolle der Familie. Für Vereine mit dem Ziel eines erfolgreichen Markteintritts können beispielsweise Aspekte wie der Altersaufbau der Gesellschaft interessant sein, da jüngere, männliche Einwohner eher in die relevante Zielgruppe von Fußballclubs fallen als andere. Andere Überlegungen könnten in die Richtung gehen, wie viel Wert die Bevölkerung der Freizeitgestaltung beimisst oder ob eine Gesellschaft dazu neigt, sich in der Freizeit in größeren, geselligen Gruppen zusammenzufinden (Fußball als soziales Ereignis). Eine immer wichtigere Rolle nehmen die technologischen Faktoren ein. Der Zugang zu Highspeed-Internetanschlüssen oder die Verbreitung der Mobiltelefonie haben maßgeblichen Einfluss darauf, inwieweit Fußballvereine Ihre Pläne zum Internetauftritt (z.B. die Zweitverwertung von Spieltaghighlights online) oder zu mobilen Diensten (z.B. ein SMS Liveticker oder ein Spielbericht mit den besten Szenen direkt nach Abpfiff) umsetzen können.

Den zweiten Block innerhalb der externen Faktoren bilden die *sportlichen Gegebenheiten* im Zielmarkt. Neben den allgemeinen Faktoren, die im Wesentlichen auch für reguläre Wirtschaftsunternehmen von Bedeutung sind, stellen sportliche Faktoren eine Besonderheit speziell für Fußballclubs und andere sportliche Institutionen dar. In diesen Bereich fallen Punkte wie die Bedeutung des Fußballs im Land oder die Popularität lokaler Clubs. Länder in Südamerika sind z.B. wesentlich fußballbegeisterter als Länder in Asien, in denen Fußball nicht der Nationalsport Nummer eins ist (Schlösser, 2009). Allerdings ist zu beachten, dass südamerikanische Länder wie Argentinien oder Brasilien sehr populäre, lokale Clubs mit einer langen Tradition und einer breiten Fanbasis haben. Hier haben es ausländische Spitzenclubs wesentlich schwerer als in Asien, wo die lokalen Ligen meist wenig Beachtung finden. Ein anderer, wichtiger Faktor ist in diesem Zusammenhang auch die Konkurrenzsituation zu anderen internationalen Spitzenclubs. Der Zeitpunkt des Markteintritts spielt dabei eine entscheidende Rolle, da wie in der freien Wirtschaft auch, der *First Mover*, also der Verein, der zuerst in den Markt eingetreten ist, eine Reihe von Vorteilen gegenüber den Nachzüglern hat. Interessant könnte hier auch der Einfluss sein, den die Nationalität der unter Vertrag stehenden Spieler in einem Club hat.

Neben den externen Faktoren bilden ebenso *interne Faktoren* die Erfolgsbasis der Internationalisierung. Das Modell dieser Arbeit unterscheidet (a) Markenfaktoren, (b) sportliche Faktoren und (c) vereinsinterne Faktoren.

Wie unter Kapitel 2.3 bereits genauer beleuchtet, spielt die Marke in den Überlegungen zur Internationalisierung eine zentrale Rolle. Zusammenfassend sei hier noch einmal erwähnt, dass besonders die intensive Verbindung zwischen Club und Fan dafür sorgt, dass sich Vereine mit einer starken globalen Markenassoziation erfolgreicher auf ausländischen Märkten positionieren können.

Der sportliche Aspekt hat ebenfalls einen großen Einfluss auf die Internationalisierung eines Fußballvereins. Zum Einen liegt dies in der Historie des Clubs begründet, zum Anderen erscheint die aktuelle Erfolgsbilanz eines Vereins als mindestens genauso wichtig. Die Erfolge eines Vereins tragen dabei entscheidend zur Bildung einer starken Marke bei. Real Madrid beispielsweise blickt auf eine glorreiche Vergangenheit zurück, von welcher der Verein noch heute profitieren kann. Aber auch die aktuelle sportliche Situation bei Real Madrid dürfte mitverantwortlich sein für die erfolgreiche Internationalisierung des Vereins. Dazu gehören nicht nur die Erfolge in der Meisterschaft und in der Champions League, sondern sicher auch die Transferpolitik des Vereins mit Spielern wie Zinedine Zidane, Ronaldo, Luis Figo, David Beckham oder zur aktuellen Saison 2009/10 Cristiano Ronaldo und Káká. Inwieweit das mediale Interesse an dem Verein von der Strahlkraft der Stars abhängt, wird ebenfalls im Ergebnisteil beleuchtet. Zudem kann auch eine attraktive Spielweise einem Spitzenclub bei den Internationalisierungsbemühungen helfen. Der FC Barcelona gilt als die Mannschaft, die weltweit den attraktivsten Fußball spielt, was dem Verein in Spanien und dem Rest der Welt einen besonderen Glanz verleiht (Schlösser, 2009).

Als dritter Bereich werden in dem Modell dieser Arbeit die vereinsinternen Faktoren aufgeführt. Wie bei einem regulären Wirtschaftsunternehmen sind die Stärken und Schwächen auf nicht-sportlicher Ebene maßgeblich für den Erfolg eines Fußballvereins verantwortlich. Die in den letzten Jahren stattgefundene Professionalisierung hat das Wesen der Vereine stark verändert. Heute stehen zunehmend Punkte wie eine effiziente Vereinsstruktur, der nachhaltige Aufbau von Expertise oder eine effektive Ressourcenplanung auf der Agenda der Topclubs in Europa. Im Rahmen dieser Arbeit wird dabei besonders untersucht, wie sich die

Vereine organisatorisch aufstellen, um den Herausforderungen der Internationalisierung zu begegnen.

**Phase 2: Umsetzung**

Nachdem die grundlegenden Entscheidungen in Phase 1 getroffen wurden, geht es im zweiten Schritt darum zu klären, *was* genau unternommen wird, um die Internationalisierung erfolgreich zu gestalten. Die vorliegende Arbeit versteht die ersten beiden Phasen als *Erfolgsfaktoren* im erweiterten Sinne. Demnach werden die getroffenen Maßnahmen ebenfalls als strategische Faktoren verstanden, die langfristig wirksam sind und die einen Wettbewerbsvorteil gegenüber Konkurrenten bedeuten können (vgl. Wahle, 1991).

Das Modell dieser Arbeit unterscheidet dabei die vier Bereiche *(1) Sponsoring, (2) Medien, (3) Merchandising* und *(4) sonstige Aktivitäten*. Dem Sponsoring wird auf nationaler Ebene bereits seit geraumer Zeit eine wichtige Rolle beigemessen. Im Rahmen der Internationalisierung kommen dabei noch weitere spezielle Fragestellungen hinzu. So geht es beispielsweise darum, eine richtige Mischung aus lokalen und globalen Sponsoren im Portfolio zu finden. Im Block Medien werden die Besonderheiten des internationalen Marktes in den Bereichen TV, Internet und Mobile Dienste analysiert. Abhängig von nationalen Gegebenheiten, wie beispielsweise der zentralen oder dezentralen TV-Vermarktung, ergeben sich auch hier spezielle Anforderungen an die Vereine. Gleiches gilt für den Bereich Merchandising, in dem u.a. geklärt werden soll, wie die Vereine auf die wachsende Komplexität bei der Distribution von Merchandising-Artikeln reagieren. Schließlich werden noch die Maßnahmen beleuchtet, die sich in keine der vorangegangen Kategorien einordnen lassen. Hierzu zählen z.B. Pre-Season-Tours und der Aufbau von Fußballschulen.

**Phase 3: Evaluierung**

In Phase 3 des Modells geht es um die Evaluierung der Planung und der Maßnahmen aus den vorherigen Phasen. Anhand der Zielsetzung eines Vereins werden *Erfolgsindikatoren* bestimmt, die eine genaue *Erfolgsmessung* ermöglichen sollen.

Diese Phase unterscheidet die Bereiche *Definition von Erfolgskennzahlen, Festlegung von Planzielen, Ergebnisanalyse* sowie *Bestimmung der Learnings*. Die Einteilung wurde auf Grundlage von Standardwerken zum Thema Erfolgsmessung vorgenommen (Horváth, 2006; Jung, 2003). Dabei soll jedoch dem Fokus dieser Arbeit Rechnung getragen werden, der schwerpunktmäßig nicht auf der Messung des Erfolges, sondern auf der Bestimmung der Erfolgsfaktoren liegt.

Im Vorfeld dieser Arbeit wurden die vorhandenen akademischen und journalistischen Werke gesichtet. Auffallend war hierbei, dass sich der Betrachtungsrahmen auf die Ziele und Motive sowie auf die konkreten Maßnahmen der Clubs beschränkt hat. Im Rahmen der durchzuführenden Interviews sollten daher auch weitere Dimensionen beleuchtet werden, um mit dieser Arbeit neue Aspekte mit in die Analyse einfließen lassen zu können. So betrachtet diese Arbeit auch die Frage nach der Erfolgsmessung von Internationalisierungsmaßnahmen, sowie die Überlegung, welche Learnings möglicherweise bei den Vereinen eingetreten sind.

Dieser Teil der Arbeit verzichtet auf eine umfangreiche Beschreibung der theoretischen Grundlagen der Erfolgsmessung, da es für das Forschungsinteresse ausreichend ist, ein praxisnahes Verständnis zu Grunde zu legen. Das Erfolgsverständnis der klassischen ökonomischen Theorie betrachtet den Erfolg zumeist als Nettogröße, also der Differenz zwischen Ertrag und Aufwand (Evanschitzky, 2003). Dabei lassen sich monetäre Größen wie Umsatz und Gewinn und nichtmonetäre Größen wie beispielsweise Fansympathie oder Markenbekanntheit, unterscheiden. Wie im Kapitel 2.1.3 bereits beschrieben, lassen sich die untersuchten Vereine aufgrund ihrer Erträge mit mittelständischen Wirtschaftsunternehmen vergleichen. Die Forderung an die Vereinsführung, die Clubs wie Unternehmen zu führen (Woratschek, 1999), sollte somit auch die Erfolgsmessung beinhalten. Wenngleich die Informationsbeschaffung und -verarbeitung in mittelständischen Unternehmen zum Teil ebenfalls als unzureichend einzustufen ist (Botta, 2002), soll an dieser Stelle überprüft werden, inwieweit dies auch auf Fußballvereine zutrifft bzw. inwieweit die Clubs zumindest die Grundlagen der Erfolgsmessung berücksichtigen.

## 4.2 Vorstellung der untersuchten Vereine

Bevor die Forschungsergebnisse der Experteninterviews dargelegt werden, erfolgt eine kurze Vorstellung der Vereine: *FC Barcelona, Real Madrid C.F.* und *Manchester United FC*. Durch diesen Zwischenschritt soll dem Leser die Gelegenheit gegeben werden, sich einen Überblick über die Clubs zu verschaffen. Hierzu wurden passende Kriterien ausgewählt, anhand derer die Clubs auf Gemeinsamkeiten und Unterschiede untersucht wurden. Zu diesem Zweck sind sowohl Informationen aus den Experteninterviews als auch sekundäre Quellen wie wissenschaftliche Beiträge, extern durchgeführte Studien und Medienartikel (print und elektronisch) verwendet worden. Einige der aufgeführten Daten, so z.B.

die Vermarktung der Medienrechte, wurden bereits im Theorieteil dieser Arbeit behandelt und bedürfen keiner weiteren Beschreibung.

Die Vereinsdaten tabellarisch dargestellt:

Tabelle 2: Vereinsdaten (Darstellung aus eigener Recherche)

| **Kriterien** | **FC Barcelona** | **Real Madrid C.F.** | **Manchester United F.C.** |
|---|---|---|---|
| **Gründung** | 1899 | 1902 | 1902 |
| **Vereinslogo** | | | |
| **Homepage** | WWW.FCBARCELONA.DE | WWW.REALMADRID.COM | WWW.MANUTD.COM |
| | Multilingual in 6 Sprachversionen | Multilingual in 3 Sprach-versionen | Multilingual in 5 Sprachversionen |
| **Fans** | Europa: ca. 50,3 Mio. | Europa: ca. 45,9 Mio. | Europa: ca. 32,8 Mio. |
| | Weltweit : k.A. | Weltweit: ca. 75 Mio. | Weltweit: k.A |
| **Mitglieder** | ca. 162.979 | ca. 93.587 | k. A. |
| **Erfolge** | **National:**<br>19 x Meister Primera Division<br>25 x Spanischer Pokalsieger<br>8x Spanischer Superpokalsieger<br>16x Katalanischer Meister<br>**International:**<br>3x UEFA Champions League Sieger<br>4x Europapokal der Pokalsieger<br>3x UEFA Supercup Sieger<br>3x Messepokal<br>2x Copa Latina Sieger | **National:**<br>31x Meister Primera Division (Rekord)<br>17x Spanischer Pokalsieger<br>8x Spanischer Superpokalsieger<br>1x Spanischer Ligapokalsieger<br>**International:**<br>9x UEFA Champions League Sieger (Rekord)<br>2x UEFA CUP Sieger<br>1x UEFA Supercup Sieger<br>3x Weltpokalsieger<br>2x Copa Latina Sieger | **National:**<br>18x Meister Premier League (Rekord)<br>11x Englischer Pokalsieger<br>3x Englischer Ligapokalsieger<br>7x Englischer Superpokalsieger<br>**International:**<br>3x UEFA Champions League Sieger<br>1x UEFA Supercup Sieger<br>1x Europapokal der Pokalsieger<br>1x Weltpokalsieger<br>1x Club Weltmeister |

| Markenattribute | Solidarität<br>Integration<br>Gemeinschaftsgefühl<br>Freiheit | Eleganz<br>Erhabenheit<br>Attraktivität<br>Spektakulär | Tradition<br>Qualität<br>Kosmopolitisch<br>Ursprungsland des Fußballs |
|---|---|---|---|
| **Sponsoren** | **Hauptsponsoren:**<br>Nike (Global)<br>Coca Cola (Global)<br>Audi (Global)<br>Estrella Damm<br>La Caixa<br><br>**Trikotpartnerschaft:**<br>UNICEF (Global) | **Hauptsponsoren:**<br>Adidas (Global)<br>Audi (Global)<br>Coca Cola (Global)<br>Mahou<br><br>**Trikotsponsor:**<br>bwin.com (Global) | **Hauptsponsoren:**<br>Nike (Global)<br>Audi (Global)<br>Betfair<br>Budweiser (Global)<br>Hi Seoul<br>Hublot (Global)<br>Kumho Tires1 (Global)<br><br>**Trikotsponsor:**<br>AIG (Global) |
| **Medienrechte** | Dezentrale Vermarktung | Dezentrale Vermarktung | Zentrale Vermarktung (Premier-League) |
| **Stadion** | **Camp Nou**<br>Fassungsvermögen: 98.787<br>Eröffnung: 1957 | **Santiago-Bernabeu-Stadion**<br>Fassungsvermögen: 80.354<br>Eröffnung: 1947 | **Old-Trafford-Stadium**<br>Fassungsvermögen: 76.000<br>Eröffnung: 1910 |

Anhand der Tabelle lassen sich bei den Vereinen einige Gemeinsamkeiten, aber auch Unterschiede feststellen. Eine kennzeichnende Ähnlichkeit der Vereine liegt in der langen Clubgeschichte. Die Vereine können eine über hundert jährige Tradition vorweisen. Im Laufe ihrer Existenz haben sie, neben zahlreichen sportlichen Ereignissen, auch Weltkriege, Wirtschaftskrisen sowie politische Unruhen durchlebt. Jeder der Vereine hat im Verlauf seiner Geschichte einen einzigartigen Charakter entwickelt und steht für ganz bestimmte Werte und Einstellungen. Diese stellen besonders aus markenpolitischer Sicht eine wichtige Determinante für eine internationale Markenbildung dar (Richelieu, 2006). In dieser Hinsicht verfolgen die Vereine teilweise ganz unterschiedliche Strategien. Die Marke FC Barcelona steht z.B. für soziale Werte und Einstellungen, wodurch dem Verein nicht nur national sondern auch international viel Unterstützung und Begeisterung seitens der Fans zukommt (Schlösser, 2009). Als ein treffendes Beispiel für das soziale Engagement des Clubs ist die Partnerschaft mit der Kinder-Hilfs-Organisation UNICEF anzuführen, deren Schriftzug auf den Trikots des FC Barcelona platziert ist. Der FC Barcelona verzichtet damit bewusst auf ein kommerzielles Trikotsponsoring und unterstreicht die soziale Einstellung des Clubs. Der sportliche Erzrivale Real Madrid hingegen wird in erster Linie mit Markenattributen verbunden, die für die sportliche Attraktivität und Erhabenheit des Clubs gegenüber den Konkurrenten spricht (Jobst, 2009). Diese Assoziation seitens der Öffentlichkeit begründet sich vor allem durch die einzigartige Transferpolitik des Vereins, die bereits seit vielen Jahren darauf ausgerichtet ist, die besten Spieler der Welt in einer Mannschaft zu vereinen (Jobst, 2009). Der englische Club Manchester United wird, neben der Qualität des gespielten Fußballs, besonders mit einer kosmopolitischen Einstellung verbunden. Diese lässt sich unter anderem daraus erschließen, dass der Club, als einer der ersten Fußballvereine, bereits seit 1990 durch Asien tourt, um das enorme Fanpotential des Clubs durch die physische Präsenz der Mannschaft für sich zu gewinnen (Hill, 2006; Stylsvig, 2009).

Hinsichtlich der sportlichen Erfolge gehören die Vereine sowohl bei nationalen als auch bei internationalen Vereinswettbewerben zu den erfolgreichsten Fußballclubs der Welt. Der Einfluss des sportlichen Erfolges auf eine erfolgreiche Internationalisierung der Vereine wird im weiteren Verlauf nochmals aufgegriffen.

## 4.3 Ergebnisanalyse der durchgeführten Interviews

Zum Abschluss dieser Arbeit sollen nun die Ergebnisse der geführten Experteninterviews präsentiert werden. Bei den Interviews handelt es sich um teilstandardisierte Experteninterviews. Diese werden anhand eines zuvor festgelegten Leitfadens geführt, wobei einzelne Themenkomplexe ein Gerüst bilden, um die wesentlichen Aspekte des Forschungsthemas abzudecken. Befragt wurden drei Experten, die durch ihre langjährige Arbeit in internationalen Topclubs als ideale Gesprächspartner einzustufen sind.

Die Interviews hatten die Zielsetzung, einen wesentlichen Beitrag zur Forschung im Bereich der Internationalisierung von Spitzenvereinen im Fußball zu leisten. Dementsprechend wurden innerhalb des Interviewleitfadens verschiedene Themenschwerpunkte gesetzt. Hierzu zählen die wirtschaftliche Professionalisierung der Vereine, die Ziele der Internationalisierung, die konkreten Internationalisierungsmaßnahmen sowie die Vorgehensweise in der Erfolgsmessung.

Im Folgenden werden die erzielten Ergebnisse pro Themenkomplex im Detail vorgestellt. Dabei richtet sich die Reihenfolge der Ergebnisse nach dem Interviewleitfaden, bzw. an dem eigens entwickelten Modell zur Internationalisierung europäischer Spitzenvereine im Fußball (Abb. 9) aus dem vorherigen Kapitel. Das Modell dient der Veranschaulichung des komplexen Prozesses der Internationalisierung und wird in diesem Kapitel dazu verwendet, die Ergebnisse übersichtlich zu strukturieren. Pro Themenkomplex werden die Aussagen der drei Experten analysiert.

Bevor jedoch die einzelnen Bereiche präsentiert werden, soll an dieser Stelle eine kurze Einordnung der Clubs innerhalb des Internationalisierungsprozesses erfolgen. Die Experten wurden hierzu gefragt, wie weit fortgeschritten sie ihren Verein innerhalb der Internationalisierung einstufen würden. Eine derartige Einordnung existiert in der Literatur bislang noch nicht, was wohl hauptsächlich daran liegt, dass sich der Beginn der Internationalisierung für die Vereine nicht eindeutig klären lässt. Im Rahmen dieser Untersuchung erfolgt in diesem Zusammenhang eine Orientierung am Lebenszyklusmodell nach Kotler (2009).

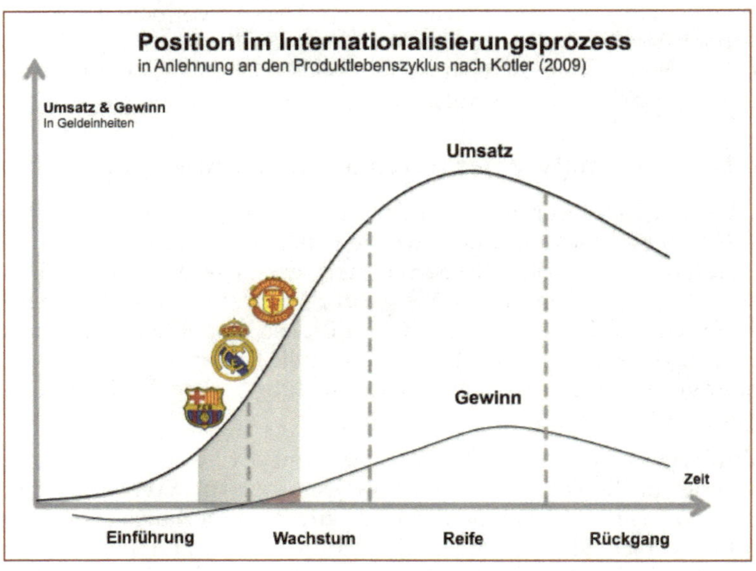


Abb. 10: Position im Internationalisierungsprozess (eigene Darstellung nach Kotler, 2009, S. 257)

Die Vereine wurden auf Grundlage der Antworten in eine bestimmte Phase des Modells eingeordnet. Dabei ist es interessant zu beobachten, dass die befragten Experten ihre Vereine in einer sehr frühen Phase der Internationalisierung sehen. Schlösser sieht den FC Barcelona am Ende der Einführungsphase, an der Schnittstelle zur Wachstumsphase. Die Einführungsphase ist laut Vahrenkamp (2004) durch hohe Investitionen in die Produktentwicklung und in die Markteinführung gekennzeichnet. Hierzu passt die Aussage von Schlösser, dass der FC Barcelona aktuell noch säe und im nächsten Schritt erst ernten wird. So beschreibt Vahrenkamp die Wachstumsphase als die Phase, in der die Nachfrage nach dem Produkt stark steigt und die Gewinne aufgrund von Skaleneffekten zunehmen. Jobst sieht Real Madrid nach eigener Einschätzung einen Schritt weiter und ordnet den Club in den Beginn der Wachstumsphase ein. Stylsvig sieht Manchester United bereits in der Wachstumsphase angekommen und unterstreicht dies mit der Aussage, dass der Verein das eigene Geschäft in den nächsten zehn Jahren verdoppeln möchte. Versuchte man anhand von Größen wie bspw. der ersten durchgeführten Pre-Season-Tour eine ähnliche Einteilung vorzunehmen, so würden sich die Ergebnisse mit der Selbsteinschätzung der Befragten ungefähr decken: Manchester United gilt in der Tat als Vorreiter der Internationalisierung im Fußballgeschäft (Hill, 2006).

### 4.3.1 Ziele und Motive der Internationalisierung der Vereine

Im Theorieteil dieser Arbeit wurden bereits verschiedene Motive genannt, die bei einer möglichen Internationalisierung eine Rolle spielen können (vgl. Kapitel 2.2.2). Die Ergebnisse der Interviews weichen hierbei kaum von den dort beschriebenen Motiven ab. Alle drei Experten haben als Hauptmotiv das Umsatzpotential in den ausländischen Märkten genannt. Die Motive sind somit in erster Linie ertragsorientiert. Sowohl Jobst als auch Schlösser weisen explizit darauf hin, dass der spanische Markt gesättigt sei und somit das Ausland eine Chance biete, weiter zu wachsen. Dies hängt laut Jobst nicht zuletzt mit den langjährigen TV-Verträgen der beiden spanischen Clubs zusammen. Zudem sind laut Jobst auch die nationalen Sponsoreneinnahmen am Sättigungspunkt angekommen. Ähnliches gilt auch für den Verkauf der Namensrechte am Stadion, so dass man auf nationaler Ebene am Limit möglicher Einnahmequelle angekommen zu sein scheint. Schlösser führt hierzu aus, dass nach dem extremen Wachstum des FC Barcelona in den vergangen 5 Jahren, mit einem Umsatzplus von 123 Mio. Euro auf über 300 Mio. Euro, ein ähnliches Wachstumslevel nur durch die Erschließung neuer Märkte im Ausland erreicht werden kann. Grundsätzlich spielen laut Jobst auch weitere Überlegungen eine Rolle, wie bspw. die Nähe zu den ausländischen Fans oder die Aktivierung von internationalen Sponsoren. Im Mittelpunkt stehen jedoch immer direkte oder indirekte Ertragsmotive.

Entsprechend der Motive - gesättigter Heimatmarkt und Ertragspotential im Ausland - haben die drei Clubs auch ihre konkreten Ziele der Internationalisierung formuliert. Die Ziele sind hauptsächlich monetärer Natur und auch alle nichtmonetären Ziele sollen indirekt am Ende zum Umsatz der Vereine beitragen. Als Hauptgrund für diese ertragsorientierte Sichtweise, die sich auch im Rest des Interviews ständig wiederfindet, verweisen alle drei Experten auf den vom FC Barcelona entwickelten *Virtuous Circle* (Abb. 11).

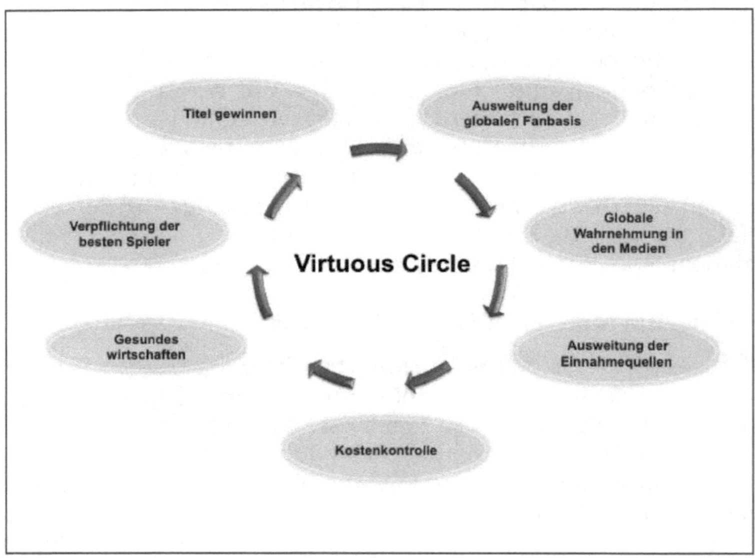


Abb. 11: Virtuous Circle (eigene Darstellung in Anlehnung an Vereinsdaten des FC Barcelona)

Dieser zeigt im Wesentlichen, dass ein Spitzenverein im Fußball durch eine starke finanzielle Basis die besten Spieler verpflichten kann und mit diesem Top-Kader dann theoretisch sportliche Erfolge erzielt. Durch den sportlichen Erfolg wird ein Verein für Fans, Sponsoren und Medien interessant. Je größer dabei dieser Erfolg ist, desto höher sind die Einnahmen aus Merchandising-Verkäufen und aus Sponsoren- und Medienverträgen. Somit schließt sich der Kreis wieder, da aus diesen Mehreinnahmen im Vergleich zur Konkurrenz wiederum die besseren Spieler verpflichtet werden können. Man könnte diesen Zusammenhang auch in dem oft zitierten Satz *„Geld schießt Tore"* auf den Punkt bringen. In diesem Modell wird somit deutlich, dass im Fußball vieles mit der Finanzkraft eines Vereins zusammenhängt. Aus diesem Grund haben alle drei Befragten reine Ertragsziele als Hauptziele genannt. Bei den weiteren Zielen der Internationalisierung haben sich leichte Unterschiede ergeben. So nennt Schlösser u.a. für den FC Barcelona das Ziel *„der beliebteste Club auf der Welt zu werden"*. Auch hier lässt sich indirekt das Ziel der zusätzlichen Umsatzgenerierung ableiten, da eine höhere Beliebtheit in der Regel mit höheren Merchandising-, Sponsoring- und Medieneinnahmen einhergehen dürfte. Dies gilt auch für das von Stylsvig formulierte Ziel, die Markenbekanntheit von Manchester United zu erhöhen.

Die Bedeutung von finanzieller Stärke im Fußball wird zum Abschluss dieses Kapitels noch einmal genauer analysiert, da sich aus diesen Ergebnissen die Frage ergibt, inwieweit letztlich das Budget eines Vereins über Erfolg und Misserfolg bei der Internationalisierung entscheidet.

### 4.3.2 Konzeption (Erfolgsbasis)

Die Frage, inwieweit die oben genannten Ziele erreicht werden können, richtet sich grundsätzlich nach internen und externen Faktoren, die in der Planungsphase eine Rolle spielen (Erfolgsbasis), sowie nach den konkreten Aktivitäten, die von den Vereinen letztlich durchgeführt werden (Erfolgsinstrumente). Im Rahmen dieser Arbeit werden diese beiden Bereiche als Erfolgsfaktoren im erweiterten Sinne definiert. Eine Fehlplanung wirkt sich genauso negativ auf den Erfolg aus wie die mangelnde Umsetzung eines Konzeptes.

*Externe Faktoren*
Wie in Kapitel 4.1.1 bereits beschrieben, sind die externen Faktoren vom Verein selbst nicht zu beeinflussen. Dies umfasst sowohl sportliche als auch nicht-sportliche Gegebenheiten.

Die Ergebnisse der drei Interviews sind sich hier sehr ähnlich. Alle drei Experten nannten das Fanpotential in den ausländischen Märkten als einen wichtigen Faktor im Internationalisierungsprozess. So lässt sich auch erklären, warum bei allen drei Clubs Asien als Kernmarkt angesehen wird; das Fanpotential in diesem Raum ist enorm (der Faktor *Fans* wird am Ende dieses Absatzes aufgrund seiner besonderen Rolle noch einmal genauer analysiert). Des Weiteren haben Schlösser und Stylsvig auf die lokale Konkurrenz vor Ort als wichtigen Faktor verwiesen. Je stärker die heimischen Ligen sind, desto schwieriger wird es, den eigenen Club in dieser Region zu vermarkten. In der Realität bedeutet dies, dass kein spanischer oder englischer Verein auf die Idee kommen würde, den Verein in Italien groß zu bewerben, da hier der Fußball fest in den Händen der Serie A liegt. Gleiches gilt aber auch für den Vergleich Südamerika und Asien. Der Grund, warum die europäischen Topclubs stärker in Asien als in Südamerika aktiv sind, liegt nach Aussage von Schlösser darin, dass die heimischen Vereine über die Jahre in China, Japan oder Indien keine große Fanbasis aufbauen konnten. In Argentinien oder Brasilien wiederum, sind Traditionsvereine wie Boca Juniors oder der FC Sao Paulo überaus beliebt, so dass es für den FC Barcelona schwierig ist, dort erfolgreich zu sein. Als weiterer Punkt wurde von Schlösser und Jobst auch die Kaufkraft im jeweiligen Zielmarkt genannt. So ist sich der FC Barcelona beispielsweise nach Aussage von Schlösser durchaus bewusst, dass China zwar ein riesiges Fanpotential aufweist, die Kaufkraft jedoch immer noch vergleichsweise gering ist. Japan beispielsweise ist im Vergleich zu China wesentlich kleiner, die Leute verfügen jedoch über deutlich mehr Geld, um die Produkte des FC Barcelona kaufen zu können. Stylsvig unterstrich außerdem die Rolle der Zeitverschiebung. So sei Manchester United aufgrund der Tatsache, dass die Spiele der Premier-League am Nachmittag stattfinden, im Vergleich zu den spanischen Clubs im Vorteil, da diese am späten Abend ausgetragen werden. Der direkte Vorteil für Manchester ergibt sich daraus, dass aufgrund der Zeitverschiebung in Asien die Spiele live am Abend zu sehen sind, während die spanischen Begegnungen mitten in der Nacht stattfinden.

Aus diesen Überlegungen heraus haben sich für Barcelona die Kernmärkte Japan, China, USA und Mexiko ergeben. Real Madrid hat nach Aussagen von Jobst Japan, China, Indien und Südamerika als Hauptzielmärkte definiert; Manchester United legt laut Stylsvig das Hauptaugenmerk auf Asien.

Bevor die internen Faktoren genauer beleuchtet werden, soll an dieser Stelle noch einmal eine genauere Betrachtung der Rolle des Fanpotentials im Ausland erfolgen. Wie bereits beschrieben, sehen alle drei Experten die Größe der Fanbasis im Zielmarkt als einen entscheidenden Erfolgsfaktor an. Stylsvig schätzt für Manchester United beispielsweise das Fanpotential auf 330 Millionen Fans weltweit, wovon alleine 190 Millionen in Asien zu finden seien. Hierzu sagt er weiter, dass Manchester *„dahin geht, wo die Fans sind"*, was darauf hindeutet, dass zwar theoretisch mehrere Faktoren bei der Wahl des Zielmarktes eine Rolle spielen, der Faktor *Fanpotential* aber klar dominant ist. Wirtschaftliche Überlegungen stehen auch hier im Mittelpunkt des Handelns stellt Stylsvig fest: *„We used to say that with 330 million followers globally, imagine we can just get 1Euro yearly, it would make a major difference"*.

Da auf nationaler Ebene eine Ausweitung der Fanbasis kaum möglich ist, kommt der Internationalisierung vor diesem Hintergrund eine besondere Bedeutung zu. Laut Schlösser ist dabei nicht nur die schlichte Größe der Zielmärkte für die Topclubs interessant, sondern vor allem die Tatsache, dass der internationale Fanmarkt wesentlich schnelllebiger ist als der heimische:

> „Der internationale „Fanmarkt" ist wesentlich schnelllebiger als der lokale, da die Fans nicht so eingeschworen und treu sind. Es ist also möglich, Fans von einem Verein auf den anderen "umzupolen", was in unseren Heimatmärkten unmöglich scheint. Es wäre beispielsweise undenkbar, dass ein Stuttgart Fan zum Bayern Fan wird, weil Mario Gomez zu Bayern wechselt. Andererseits kann ein ManUtd. Fan in China durchaus zum Madrid Fan werden, wenn David Beckham wechselt. Das liegt nicht nur an der Markenkraft Beckham's, sondern auch an der nicht so großen Treue der internationalen Fans."
>
> (Schlösser, 2009, Experteninterview)

Dies eröffnet den Clubs große Einnahmemöglichkeiten, stellt sie bei der strategischen Ausrichtung jedoch gleichzeitig vor Herausforderungen. Besonders die Abhängigkeit von einzelnen Spielern stellt für die Vereine ein Problem dar. Wie von Schlösser angedeutet, hatte beispielsweise der Wechsel von David Beckham von Manchester United zu Real Madrid Auswirkungen auf die Geschäfte in Asien. So profitierte letztlich Real Madrid von der Popularität Beckhams in Asien und somit indirekt von Manchester Uniteds vorausgegangenen Bemühungen bei der Auslandsvermarktung. Aufgrund der eher unloyalen Fans im Ausland und der steigenden Nachfrage nach Fan-Artikeln in Asien, konnte Real Madrid besonders durch den Verkauf von Beckham-Trikots zusätzliche Gewinne generieren (Milligan, 2006). Durch die Verpflichtung Beckhams und die darauffolgende Asien-Tour erschlossen sich für Real also völlig neue Märkte (Schütz, 2006). Eine mögliche Strategie, um dieses Risiko zu verringern, ist laut Schlösser der Versuch, den Verein und nicht die einzelnen Spieler in den Vordergrund zu stellen. Der FC Barcelona versucht daher beispielsweise, das Vereinsmotto *More than a club* und die damit verbundenen sozialen Projekte des Vereins, in den Fokus zu rücken. So will man die Marke *„Barca"* stärken, um weniger vom Wechselverhalten der Spieler wie Ronaldinho oder Eto'o betroffen zu sein.

*Interne Faktoren*

Die internen Faktoren werden noch mal untergliedert in die einzelnen Bereiche Vereinsinterne Faktoren, Sportliche Faktoren und Markenfaktoren.

*Vereinsinterne Faktoren*

Besonders der Marketingfunktion kommt bei der Internationalisierung von Fußballclubs eine besondere Bedeutung zu. Hinsichtlich der Frage, wie man eine Internationalisierung von Vereinsseite aus bestmöglich organisiert, gibt es unter den drei befragten Experten sowohl Gemeinsamkeiten als auch Unterschiede. Eine grundlegende Gemeinsamkeit bei den drei Clubs lässt sich in der Tatsache finden, dass die Marketingabteilungen, gemessen an der Anzahl von Mitarbeitern, im Vergleich zu anderen Fußballvereinen relativ groß sind. Laut Jobst liegt Real Madrid mit 25 Mitarbeitern im Bereich Marketing/Medien weit vor anderen europäischen Top-Teams wie AC Mailand oder dem FC Bayern München. Der FC Barcelona mit 40 und Manchester United mit 35 Mitarbeitern im Marketingbereich liegen damit ähnlich weit über dem Schnitt. Somit ließe sich die Führungsrolle der drei Clubs bei der Internationalisierung schon am Umfang der marketingrelevanten Bereiche ablesen. Besonders interessant ist es, dass Real Madrid und der FC Barcelona innerhalb der Marketingfunktion eigens Unterabteilungen aufgebaut haben, die sich ausschließlich mit Fragen der Internationalisierung beschäftigen. Bei beiden Clubs kümmern sich jeweils 5 Mitarbeiter im *International Business Development Department* um diese Aufgaben. Im Gegensatz dazu hat Manchester United nach Angaben von Stylsvig die interne Organisation vor zwei Jahren auf ein *Partnermodell* umgestellt. Es gibt bei Manchester United somit keine eigene Internationalisierungsabteilung im engeren Sinne. Während bei Real Madrid und dem FC Barcelona Regional Manager für einzelne Märkte und Regionen verantwortlich sind, richtet sich Manchester United komplett auf die Sponsoren aus. So wurde laut Stylsvig beispielsweise auf Anfrage des Trikotsponsors AIG eigens ein ständiger Repräsentant nach Hongkong geschickt, da AIG dort einen wichtigen regionalen Firmensitz hat. Die Regional Manager bei Barcelona und Real haben keine eigenen Auslandsbüros, sondern arbeiten hauptsächlich in den Vereinszentralen in Spanien.

Neben der Frage nach der Organisation stellt sich auch die Frage nach der Expertise innerhalb der Clubs als möglicher Erfolgsfaktor. Hier lässt sich aus den Interviews schließen, dass Fußballclubs im Vergleich zu Unternehmen in der freien Wirtschaft weniger professionell aufgestellt sind. Jobst weist darauf hin, dass noch immer viele ehemalige Spieler Vereinspositionen beziehen, ohne über betriebswirtschaftliche Vorerfahrungen zu verfügen. Der vergleichsweise geringe Grad der Professionalisierung wird an späterer Stelle dieses Kapitels deutlich, wenn es um die Frage der Erfolgsmessung geht.

*Sportliche Faktoren*

Bei der Beschreibung der Vereine wurden bereits die zahlreichen Erfolge der drei Clubs Real Madrid, FC Barcelona und Manchester United aufgelistet. Es ist unstrittig, dass diese Vereine zu den absoluten Top-Clubs in Europa zählen. Dazu haben nicht nur die nationalen sondern vor allem die internationalen Erfolge beigetragen. Von den letzten zwölf Titeln in der UEFA Champions League gingen mehr als die Hälfte an einen dieser Vereine. Diese Erfolge im sportlichen Bereich haben maßgeblich dazu beigetragen, dass die Vereine international so beliebt sind. Dass sportlicher Erfolg somit als einer der wichtigsten Faktoren bei der internationalen Markenbildung einzuordnen ist, wird auch bei Waltner deutlich:

> „If winning alone does not give you the status of super brand, it seems that winning is a necessity for a brand that aspires to become a super brand. This appears to be especially true for a global brand, since a winning record is the only thing a global consumer understands, even before the rules of the sports".
>
> (Waltner, 2000, S. 97)

Während man also auf nationaler Ebene, oft aufgrund einer langen Tradition, auch ohne sportliche Erfolge eine breite Fanbasis aufbauen kann, scheint dies auf internationaler Ebene derzeit nicht möglich.

Die Auswertung der Experteninterviews hat dabei keine wesentlich neuen Erkenntnisse gebracht und wird daher nicht weiter behandelt. Zum Abschluss dieser Arbeit wird jedoch nochmals kritisch diskutiert, ob sportlicher Erfolg und internationale Stars letztlich alles sind, was man für eine erfolgreiche Internationalisierung benötigt.

*Markenfaktoren*

Wie bereits in Kapitel 2.3 erläutert, kommt der Marke bei der Internationalisierung eine Schlüsselrolle zu. Dies wurde in den Interviews von allen drei Befragten noch einmal unterstrichen. Dabei ist der sportliche Erfolg, wie im vorigen Absatz erläutert, die wichtigste Komponente bei der Markenbildung. Schlösser nannte die Marke Barca *„einen wichtigen Eckpfeiler"* bei den Bemühungen, sich international erfolgreich zu positionieren. Auch Jobst hebt die Bedeutung des Erfolges hervor und weist auf die Bedeutung der Marke bei der Kommerzialisierung hin:

> „Ein Markenaufbau ist ein langfristiger Prozess, der nur durch große Erfolge tatsächlich realisiert werden kann und sich dann u.a. auch in der Werthaltigkeit der Kommerzialisierung niederschlägt. [...] Real Madrid ist nur durch seine Erfolge zu solch einer Ausstrahlung und diesen besonderen "Core values" gekommen.

> Ich zähle dazu Attribute wie z.B. Eleganz, Erhabenheit, Dominanz, Attraktivität, Spektakulär,... [...]"
>
> (Jobst, 2009, Experteninterview)

Stylsvig hebt die Bedeutung einer starken Marke für die Gewinnung von Sponsoren hervor, was sicher auch auf ManUtds generell starken Fokus auf Sponsoren zurückzuführen ist. Im Detail haben die Interviews keine wesentlich neuen Erkenntnisse zur Rolle der Marke bei der Internationalisierung hervorgebracht. Die strategische Bedeutung der Markenbildung wird somit ausreichend durch die Sekundärforschung in Kapitel 2.3 abgedeckt.

### 4.3.3 Umsetzung (Erfolgsinstrumente)

Nach der Konzeptionsphase, in der die Grundsteine für die Internationalisierung gelegt werden, geht es im nächsten Schritt um die Auswahl konkreter Instrumente, die ein Verein bei der Internationalisierung ergreift. Im Modell dieser Arbeit werden in der Umsetzungsphase die Bereiche Sponsoring, Medien, Merchandising und Sonstiges unterschieden.

#### Sponsoring

Im Rahmen der zunehmenden Internationalisierung der untersuchten Clubs verändert sich auch das Wesen des Sponsorings. Heute wollen die Vereine zum Einen ausländische Märkte erschließen und suchen somit global agierende Sponsoren, zum Anderen erwarten die Sponsoren aber auch, dass die Sponsorships global aktiviert werden, um von der Partnerschaft bestmöglich zu profitieren. Dementsprechend sieht auch das Sponsorenportfolio der Clubs aus: Barcelonas Hauptsponsoren sind nach Aussage von Schlösser Nike, Coca Cola, Audi, Estrella Damm und La Caixa. Drei der fünf genannten Sponsoren sind globale Unternehmen, deren Marke auf der ganzen Welt bekannt ist. Die zwei anderen Sponsoren, Estrella Damm und La Caixa, gehören zu den größten Unternehmen des Landes. Auch Real Madrid hat mit Adidas, Audi, Telefonica und Bwin starke globale Partner. Zu Manchester Uniteds Sponsoren zählen u.a. AIG, Hublot und Audi. Laut Jobst legt Real Madrid großen Wert darauf, internationale Partnerschaften einzugehen, um die Kommerzialisierung des Clubs weiter voran zu treiben. Stylsvig nennt darüber hinaus noch die Bedeutung für die Marke Manchester United. So möchte der Verein als weltweiter Top-Club auch nur mit internationalen Premiummarken in Verbindung gebracht werden. Neben den großen Hauptsponsoren gibt es im Rahmen der Internationalisierung auch zunehmend regionale Partnerschaften, die sich außerhalb des eigenen

Heimmarktes auf ein bestimmtes geographisches Gebiet beziehen. Um auch für Sponsoren interessant zu sein, die nicht an einer globalen Aktivierung der Partnerschaft interessiert sind und um zusätzlich auf immer mehr Märkten im Ausland präsent sein zu können, gehen die europäischen Spitzenclubs zunehmend auch markt- bzw. bereichsbezogene Sponsorings ein. Damit ist beispielsweise die Partnerschaft von Tiger Beer und dem FC Barcelona gemeint, die laut Schlösser Tiger Beer als offiziellen Biersponsor in Asien festlegt. Ein anderes Beispiel sind Manchester Uniteds Partnerschaften mit Saudi Telecom in Saudi-Arabien oder Kumho Tires und Hi Seoul in Korea. So entstehen laut Stylsvig Win-Win-Situationen, in denen Manchester United von den zusätzlichen Einnahmen und dem positiven Imagetransfer profitiert, während die Sponsoren gleichzeitg einen Vorteil aus der globalen Medienpräsenz ihrer Marke und der emotionalen Verbindung zu einem Topclub mit Fans auf der ganzen Welt ziehen.

Bei der Strategie im Sponsoringbereich haben sich leichte Unterschiede ergeben. Wie zuvor bereits dargestellt, fokussiert sich Manchester United in noch größerem Maße auf Sponsoren, als dies bei Real und Barcelona der Fall ist. Laut Schlösser hat der FC Barcelona z.B. die USA als einen ihrer Kernmärkte identifiziert und daraufhin entsprechende Maßnahmen ergriffen, um in diesem Markt präsent zu sein. So ist ein Grund für die zunehmende Aktivität des FC Barcelona in den Vereinigten Staaten, dass viele der potentiellen Sponsoren aus den USA kommen. Barcelona hat somit zuerst den Markt definiert und dann die Maßnahmen bestimmt (in diesem Fall verfolgt Barcelona die Strategie, die Marke FC Barcelona durch ihr soziales Engagement in den USA bekannt zu machen). Für Manchester United ist es dagegen nach Aussage von Stylsvig ein notwendiges Kriterium, zunächst einen Sponsor im jeweiligen Zielmarkt zu haben:

> "Its important to us to have a sponsor in the markets, hence Korea/China/US/India are big markets for us; However, Japan is an important market but it is currently difficult to find a suitable sponsor. For instance Saudi Arabia is becoming important to us with the Saudi Telecom Deal, Korea with the Kumho Tires and Hi Seoul (Destination sponsor)".
>
> (Stylsvig, 2009, Experteninterview)

Aus diesen Überlegungen hat sich die Fragestellung ergeben, inwieweit sich die Machtverhältnisse zwischen Clubs und Sponsoren durch die zunehmende Internationalisierung verändert haben. Die Clubs generieren durch internationale Sponsorenverträge zwar höhere Einnahmen, allerdings wird auch von Sponsorenseite aus mehr von ihnen erwartet.

Laut Stylsvig hat Manchester United, wie zuvor erwähnt, eigens auf Anfrage von Trikotsponsor AIG einen Mitarbeiter nach Hongkong geschickt. Auch eine Pre-Season-Tour über 10 Tage wurde auf Anfrage von AIG in China durchgeführt, da das Unternehmen ein besonderes Interesse am chinesischen Markt hatte. Dies spricht für eine zunehmende Kräfteverschiebung zugunsten der Sponsoren, was nicht zuletzt aufgrund der aktuellen Finanzkrise und der damit einhergehenden Reduzierung der Sponsoringausgaben, weiter forciert werden könnte. Jobst hält jedoch dagegen und betont, dass die Maßnahmen im idealen Fall immer in enger Absprache mit den Sponsoren festgelegt werden. Auch Schlösser argumentiert in dieselbe Richtung und führt an:

> „Die "Macht" liegt im Fußball immer noch bei den Clubs, die Clubs werden also nicht von Sponsoren gelenkt. Allerdings ist es richtig (und so soll es in einer Partnerschaft auch sein), dass sich Club und Sponsor zusammensetzen, um internationale Strategien abzustimmen, gemeinsam den internationalen Markt anzugehen."
>
> (Schlösser, 2009, Experteninterview)

Neben der Frage nach den Machtverhältnissen, wird es künftig auch interessant zu sehen sein, wie sich Sponsorendeals aufgrund von neuen Technologien verändern könnten. So nennt Schlösser beispielsweise die Problematik, dass Coca Cola, im Gegensatz zu den meisten globalen Unternehmen, die Partnerschaft nur auf regionaler Ebene in Spanien aktivieren möchte. Das Unternehmen möchte dem Risiko vorbeugen, dass aufgrund einer übermäßigen Identifizierung der Marke Coca Cola mit dem FC Barcelona, Fangruppen anderer Vereine das Getränk nicht weiter konsumieren könnten. Die Partnerschaft auf einen regionalen Raum zu begrenzen, wird jedoch zunehmend schwieriger, da das Internet und mobile Technologien Grenzen immer weiter verschwinden lassen. So könnte sich beim FC Barcelona bspw. auch das Problem ergeben, dass mit Estrella Damm und Tiger Beer gleich zwei namhafte Biermarken im Sponsorenportfolio vertreten sind. Da Tiger Beer derzeit nur in Asien präsent ist ergeben sich aktuell noch keine Überschneidungen. Es bleibt abzuwarten, ob neue Technologien die Natur der Sponsoringdeals verändern und es z.B. für Barcelona notwendig wird, sich künftig auf nur einen Biersponsoren festzulegen.

**Medien**

Nach identischer Ansicht von Schlösser und Jobst, kommt dem Element Medien die größte Bedeutung zu. Beide heben besonders die Wichtigkeit der Medien bei dem Aufbau der eigenen Marke im Ausland hervor.

Schlösser betont, dass eine hohe Medienwirksamkeit in den Zielmärkten die Grundlage jedes weiteren Handelns darstellt. Bei der Analyse der Ergebnisse muss dabei zwischen der dezentralen TV-Vermarktung (Spanien) und der zentralen TV-Vermarktung (England) unterscheiden werden. Der FC Barcelona trifft laut Schlösser verschiedene Abkommen mit Medienunternehmen über die TV-Rechte, mobile Dienstleistungen und die Vermarktung in den Printmedien. Der Verein greift teilweise auf die externe Sportvermarktungs-Agentur IMG zurück, um die Verträge individuell auf den jeweiligen Markt zuzuschneiden. Auch Real Madrid arbeitet nach Aussage von Jobst mit verschiedenen Rechtehändlern zusammen, um das bestmögliche Ergebnis zu erreichen. Manchester United dagegen ist an die Vermarktung der Premier-League gebunden und somit in dem eigenen Handeln eher eingeschränkt. Dennoch profitiert der Verein laut Stylsvig maßgeblich von der globalen Präsenz der Premier-League.

Neben der Übertragung von Live-Spielen und der Zweitverwertung in TV-Shows und Nachrichten, spielen die eigenen Vereinskanäle, Internetangebote und Mobile-Services eine entscheidende Rolle im Medien-Mix der Clubs. Alle drei haben einen eigenen Vereinskanal und sind somit absolute Vorreiter in diesem Bereich. Während Manchester United und FC Barcelona einen unabhängigen 24h-Kanal besitzen, vertreibt Real Madrid nur noch einzelne Pakete, die gezielt in die ausländischen Märkte distribuiert werden. Zudem haben alle drei Vereine ein multilinguales Internetangebot. Im Rahmen der Interviews wurde auch die Frage nach dem Einsatz von neuen Technologien diskutiert. Alle drei Befragten waren sich einig, dass besonders im Bereich Internet und Mobile-Services enormes Potential liegt. Schlösser sieht dabei vor Allem die Möglichkeit, die Auslandsvermarktung effizienter zu gestalten:

> „[...] Da die physische Präsenz im internationalen Markt aber notgedrungen nur minimal sein kann, kommen hier die Technologien als Hilfsmittel ins Spiel und machen die effektive internationale Vermarktung erst möglich. Fernsehen war da vor vielen Jahren der Anfang und Internet und Mobilfunk gliedern sich ein."
>
> (Schlösser, 2009, Experteninterview)

Inzwischen hat Real Madrid nach Auskunft von Jobst sogar eine eigene Abteilung für Mobile Dienste gegründet, was den Stellenwert der neuen Technologien verdeutlicht. Auch wenn der Stadionbesuch das Kernprodukt bleiben wird, sind sich die Befragten darin einig, dass die Technologien besonders bei der Auslandsvermarktung neue Perspektiven eröffnen. Jobst beschreibt die Zusammenhänge zwischen Live-Erlebnis und Technologien so:

> „Das eigentliche Spiel im Stadion wird immer das Kernprodukt bleiben und muss auch dementsprechend absolute Priorität (...) genießen, darauf muss besonders Wert gelegt werden. Es ist nur jedes zweite Wochenende 85.000 Menschen möglich "dran" zu sein an der Mannschaft (...). Jedoch sollten auch die Real Madrid Fans in Japan, China oder wo auch immer in dieser Welt die Möglichkeit haben, eine Art "ich bin dabei" Gefühl zu verspüren. Somit wird die Identifikation und letztlich auch die Kaufkraft und Langfristigkeit des Fanseins gefördert."
>
> (Jobst, 2009, Experteninterview)

Analog zu dieser Aussage betont auch Stylsvig, dass das Potential zwar groß sei, die Pre-Season-Tours jedoch nach wie vor wichtig sind, damit die Fans nah beim Team sein können. In Zukunft wird vor allem eine Frage dieses Thema bestimmen: Die Frage nach der Monetarisierung der digitalen Inhalte. Schlösser führt hierzu das Beispiel eines Videos auf dem Online-Portal youtube.com an, welches ein Tor des Barca-Spielers Lionel Messi zeigt und bis heute knapp drei Millionen Mal angesehen wurde. Die Frage wird jedoch laut Schlösser in Zukunft sein, wie man dieses Faninteresse auch in Einkünfte umwandeln kann.

**Merchandising**

Da Sponsoringeinnahmen generell ein Limit haben, die TV-Verträge langfristiger Natur sind und im Ausland die Möglichkeit von Spieltageinnahmen wegfallen, kommt dem Merchandising eine strategisch wichtige Rolle bei der Internationalisierung zu. Nach Aussage von Stylsvig können durch den Abverkauf von Trikots und ähnlichen Fanartikeln im Ausland immer noch hohe Wachstumsraten erzielt werden. Der FC Barcelona und Manchester United haben langfristige Verträge Ausrüster mit Nike, der für die Clubs die Abwicklung des Merchandising durchführt. Auch Real Madrid vertraut nach Aussage von Jobst der Expertise von Partner Adidas, nachdem zuvor eigene Bemühungen im Ausland gescheitert waren.

Führt man sich noch einmal das Potential von Fußballfans im Ausland vor Augen, so lassen sich die noch offenen Einnahmemöglichkeiten erahnen. Das größte Problem im Merchandising-Bereich liegt laut Stylsvig bei den zahlreichen Fälschungen, insbesondere der Trikots. Das Unternehmen Adidas hat 2004 rund fünf Millionen Fälschungen beschlagnahmt, was Unternehmensangaben zu Folge aber nur rund 15 Prozent der weltweiten Fälschungsaktivitäten entspricht (sport+mode, 2005). Die meisten Fälschungen kommen dabei aus China, ausgerechnet dem Markt, der bei allen drei Befragten als einer der Kernzielmärkte deklariert wurde. Es bleibt abzuwarten, inwiefern die Vereine künftig das brachliegende Potential ausschöpfen können und das Merchandising an Relevanz gewinnen wird.

### Sonstige

Die sonstigen Maßnahmen lassen sich in keine der oben genannten Kategorien einordnen und bilden daher einen eigenen Unterpunkt. Im Gegensatz zu Sponsoring, Medien und Merchandising tragen diese nicht wesentlich zu den Einnahmen der Vereine bei, bilden aber wichtige strategische Bausteine im Rahmen der Internationalisierung. Hierzu zählen vor Allem Pre-Season-Tours, Fußballschulen und gezielte Spielerverpflichtungen.

*Pre-Season-Tours*

Bereits in den neunziger Jahren tourte Manchester United durch Asien und Nordamerika, um international auf sich aufmerksam zu machen (Richelieu, 2006a). Diese so genannten Pre-Season-Tours sind heute zu einem festen Bestandteil der Internationalisierungsmaßnahmen vieler Vereine geworden. Dabei touren die europäischen Topclubs im Vorfeld einer Saison über mehrere Tage durch eine bestimmte Region und absolvieren in der Regel Freundschaftsspiele gegen lokale Mannschaften. Die Zeit wird zudem genutzt, um Sponsoren- und Pressetermine wahrzunehmen sowie um durch öffentliche Trainings oder Autogrammkartenstunden nah bei den Fans zu sein.

Auch die drei befragten Experten schätzen die Pre-Season-Tours als eine der wichtigsten Maßnahmen der Internationalisierung ein. Stylsvig nannte die Tours, für die Manchester United jedes Jahr zehn Tage blockt, sogar das *„main tool"*, um die Marke Manchester United international bekannt zu machen. Grundsätzlich können die Vereine neben der zunehmenden Markenbekanntheit auch auf monetäre Anreize blicken: die Clubs erhalten eine Antrittsprämie, die laut Schlösser für den FC Barcelona bei etwa 1,5 Millionen Euro pro Spiel beträgt. Zusätzlich generieren die Vereine durch die Spiele Einnahmen aus Merchandising und TV. So nennt Schlösser neben der Antrittsprämie vor allem das Ziel, die Marke bekannt zu machen und durch die Präsenz vor Ort zusätzliche Fans zu gewinnen. Für Real Madrid sind nach Jobst besonders die kurzfristigen, kommerziellen Anreize von Bedeutung. Demnach sei die Fangewinnung *„nicht nachhaltig"* und steht daher für Real Madrid nicht im Fokus. Die Frage, inwieweit sich die Clubs die Zielländer nach strategischen Gesichtspunkten aussuchen, wurde von den Befragten nicht einheitlich beantwortet. Schlösser weist darauf hin, dass der FC Barcelona durchaus auch auf eine halbe Millionen Euro Antrittsprämie verzichten würde, wenn der Verein dafür in einem strategisch wichtigeren Markt präsent sein könne. Für Stylsvig richtet sich die Auswahl eher danach, wie lukrativ die Aktivierung im TV ist und wie viel zusätzlicher Einnahmen generiert werden können. Gleichzeitig sieht er die Zukunft der Tours durchaus kritisch, da die Clubs zunehmend unter Beschuss geraten, wenn die Top-Stars nicht aufgeboten werden. Zudem könnte die Rolle der neuen Technologien die Zukunft der Pre-Season-Tours beeinflussen. Ausländische Fans haben immer größeren Zugriff auf Angebote ihrer Lieblingsvereine, ohne dass die Teams dafür vor Ort präsent sein müssen. Noch schätzt Schlösser dieses Risiko jedoch als gering ein, seiner Aussage nach wollen die Fans hautnah dabei sein und es nicht dasselbe sei, etwas live vor Ort oder nachher im TV oder Internet zu sehen.

*Fußballschulen*

Ein weiterer Baustein für die Clubs sich international zu präsentieren, ist die Eröffnung von Fußballschulen, die den Namen und oft auch Visualisierungen wie bspw. das Logo mit übernehmen. Der FC Barcelona betreibt Schulen in Japan, China, Dubai, Mexiko und Ägypten. Laut Schlösser steht dabei nicht die Überlegung im Vordergrund, dort die künftigen Stars des FC Barcelona auszubilden. Es geht vielmehr darum, die Kinder schon früh mit der Marke vertraut zu machen. Außerdem betont Schlösser, dass die Fußballschulen einen eigenen Business Plan haben und somit dem Verein als weitere Einnahmequelle dienen. Auch Jobst hält das Scouting von Talenten zwar für den *„Best Case"*, in der Realität werde dort jedoch kaum Priorität darauf gelegt. Stattdessen werden letztlich nur Namensrechte als Lizenz an die Betreiber der Schulen verkauft. Somit stehen auch hier, wenngleich in der Öffentlichkeit häufig gegenteilig dargestellt, primär kommerzielle Gründe im Vordergrund.

*Spielerverpflichtungen*

Ein interessanter Aspekt im Rahmen der Internationalisierung ist die Überlegung, bestimmte Spieler aufgrund ihrer Herkunft und ihrer Popularität in den jeweiligen Regionen zu verpflichten. Dabei wollen die Vereine von der zusätzlichen Berichterstattung profitieren, die aufkommt wenn ein Spieler eines Landes im Ausland spielt. Auch wenn es die Clubs gegenüber der Öffentlichkeit nicht erwähnen würden, liegt die Frage nahe, ob Vereine tatsächlich gezielt Spieler aufgrund ihrer Herkunft kaufen würden. Schlösser führt im Interview diesbezüglich an, dass Barcelona keine Spieler aus marketing-technischen Gründen verpflichten würde. Lediglich in dem theoretischen Fall, dass zwei Spieler sehr identisch seien, könnte die Herkunft ein zusätzliches Kriterium sein. Er weist jedoch gleichzeitig darauf hin, dass dies bei anderen Vereinen durchaus eine Rolle spielen könnte. Außerdem müsse ein Verein, der einen solchen Spieler im Kader hat, dieses Potential für die Auslandsvermarktung auch angemessen verwerten.

> „Eine [...] zielgerichtete Strategie ist es, die Herkunft bestimmter Spieler in ihren Heimatmärkten auszunutzen. Das können sogar Clubs aus der zweiten Reihe machen, wie z.B. Celtic Glasgow, die in Japan lange eine Gefolgschaft hatten wegen des Spielers Nakamura. Dieser ist jetzt zu Espanyol Barcelona gegangen und der japanische Berichterstatter- Medientross geht mit und damit auch das Faninteresse. Ähnlich wird in Deutschland mehr über Chelsea berichtet wegen Ballack oder in Spanien über Liverpool wegen Torres, Reina, etc."
>
> (Schlösser, 2009, Experteninterview)

Stylsvig ergänzt, dass Manchester United zeitweise auch einen chinesischen Top-Spieler im Team hatte; da dieser jedoch kaum gespielt hat, konnte der Club keinen positiven Effekt in China zu verzeichnen.

### 4.3.4 Evaluierung (Erfolgsmessung)

Die durchgeführten Interviews zeigen, dass die Erfolgsmessung kaum professionell durchgeführt wird, sondern in der Praxis eher intuitiv erfolgt. Jobst gesteht diesbezüglich ein, dass die externen Erwartungen an die Erfolgsmessung in Fußballclubs wesentlich höher sind, als es in der Realität letztlich der Fall ist. Stattdessen erfolgt der Controllingprozess bei Real Madrid eher so, dass man auf die Ergebnisse des letzten Jahres z.B. *„pi mal Daumen 20% draufschlägt"* (Jobst, 2009, Experteninterview). Es werden also keine eindeutigen Kennzahlen definiert, anhand derer man die ergriffenen Maßnahmen bewertet Stylsvig weist in diesem Zusammenhang ebenfalls darauf hin, dass es in der Realität letztlich viel einfacher sei: man müsse nur Titel gewinnen und die besten Spieler verpflichten um bei der Internationalisierung erfolgreich zu sein. Daher ist laut Stylsvig eine fundierte Erfolgsmessung auch nicht notwendig. So besteht auch bei Manchester United die Erfolgsmessung fast ausschließlich aus dem Abgleich von Ertragskennzahlen gegenüber dem Vorjahr. Außerdem merkt Stylsvig an, dass es schwierig sei, die Erträge, die im Ausland generiert werden, von denen aus dem Inland zu unterscheiden. Bei Real Madrid erfolgt die Erfolgsmessung nach Aussage von Jobst ebenfalls auf Grundlage von kommerziellen Zahlen, welche bei Bedarf durch verschiedene Marktforschungsstudien ergänzt werden. Von den Befragten hat lediglich Schlösser konkrete Kennzahlen als Zielsystem nennen können. Zum Einen analysiert Barcelona die Einkommensentwicklung im Vergleich zum Vorjahr und zum Anderen wird die Mitgliederentwicklung, sowie die Beliebtheit des Clubs im Vergleich zu anderen Teams gemessen. Sowohl Schlösser als auch Jobst weisen darauf hin, dass es schwierig sei geeignete Vergleichszahlen von anderen Vereinen zu bekommen, so dass auch ein möglicher Benchmarking-Ansatz nur schwer umzusetzen ist. Bei Real Madrid schaut man hier bei den Sponsoren Richtung Deutschland und bei den TV-Verträgen nach England, da dort jeweils die größten Erträge in diesen Bereichen zu verzeichnen sind.

Dieses Ergebnis ist nicht verwunderlich, da wie oben beschrieben, oft auch bei regulären Wirtschaftsunternehmen ein professionelles Controlling ausbleibt. Dies hat in der Regel mit Know-How Defiziten in kleinen bis mittelständischen Unternehmen zu tun und mit der Auffassung, dass eine Erfolgsmessung eher eine Zusatzaufgabe und nicht eine Kernfunktion des unternehmerischen Handelns darstellt (Klett et al, 1996). Dies trifft umso mehr auf Fußballclubs zu, da hier, wie zuvor erwähnt, häufig Ex-Profispieler Führungspositionen bekleiden.

Im Zuge der Erfolgsmessung geht es im zweiten Schritt darum zu analysieren, welche der Internationalisierungsmaßnahmen gut funktioniert haben und welche als weniger gut einzustufen sind. Wenngleich der Erfolg - wie gezeigt - nicht systematisch definiert und kontrolliert wird, so haben die Verantwortlichen natürlich intuitiv ein Gefühl dafür, in welchen Bereichen noch Verbesserungspotential besteht. Auch wenn die Befragten einzelne Punkte kritisch anzumerken hatten, waren alle drei generell mit den bislang erreichten Ergebnissen sehr zufrieden.

Schlösser verweist lediglich darauf, dass der FC Barcelona den Faktor Medien in Zukunft noch besser nutzen sollte, um die Internationalisierung des Vereins erfolgreich zu gestalten. Obwohl der Club mit dem vereinseigenen Sender Barca TV gute Erfahrungen gemacht hat, müsse das Thema Medien einer höheren Priorität unterliegen. Darüber hinaus nennt Schlösser die Durchführung der Pre-Season-Tours, bei denen man in der Vergangenheit noch Fehler gemacht hat. So wurde z.B. die erste Tour in China von den lokalen Partnern nicht optimal vorbereitet, weshalb die Stadien verhältnismäßig leer blieben. Bei Real Madrid ist laut Jobst die größte Erkenntnis, dass die eigenen Ansprüche in der Vergangenheit deutlich zu hoch angesiedelt waren. Besonders wenn der sportliche Erfolg ausgeblieben ist, hat Real die Forderungen an potentielle Partner nicht nach unten korrigiert. Außerdem erklärt Jobst, Real Madrid habe erkannt, dass der *Glamour-Faktor* sehr stark zum internationalen Erfolg beigetragen hat und dieser in Partnerschaften daher effektiver aktiviert werden müsse. Für Manchester United wiederum ist das größte Learning aus der Vergangenheit, dass sich der Club stärker nach den Sponsoren orientieren sollte. Dies hat schließlich auch zu einer Restrukturierung innerhalb des Vereins vor zwei Jahren geführt. Stylsvig umschreibt dies simpel mit der Erkenntnis, dass ManUtd. sich auf die Bereiche konzentriert, in denen die größten Einnahmen generiert werden können. Die Relevanz und Wirksamkeit des Virtuous Circle dürfe bei allen Aktivitäten des Clubs nicht aus den Augen verloren werden.

## 4.4 Zusammenfassung und Ausblick

An dieser Stelle sollen die wichtigsten Ergebnisse der Interviews zusammengefasst und bewertet werden. Es lässt sich zunächst festhalten, dass sich die Auswahl der Interviewpartner bzw. der Clubs sehr bewährt hat. Die Ergebnisse zeigen, dass methodisch gesehen, die Vereine hinsichtlich des Themas Internationalisierung ausreichend Ähnlichkeiten aufweisen, um die Vergleichbarkeit der Ergebnisse zu gewährleisten. Gleichzeitig haben sich jedoch auch viele Unterschiede heraus kristallisiert, wodurch die Qualität der Ergebnisse deutlich gesteigert werden konnte. Dabei ließen sich die größten Unterschiede zwischen Manchester United und den beiden spanischen Clubs beobachten; jedoch auch Real Madrid und der FC Barcelona verfolgen durchaus unterschiedliche Strategien.

Das Ziel dieser Arbeit bestand darin die Erfolgsfaktoren der Internationalisierung europäischer Spitzenvereine im Fußball zu analysieren. Die Interviews haben gezeigt, dass dabei mehrere Wege zum gewünschten Erfolg führen können. In der Frage, warum sich die Clubs entschieden haben neue Märkte zu erschließen, standen bei allen Vereinen der gesättigte Heimatmarkt sowie die Erschließung neuer Einnahmequellen im Mittelpunkt. Diese sehr starke Fokussierung auf die Ertragsseite spiegelt somit auch die zunehmende Professionalisierung der Clubs wieder. Besonders interessant war es zu beobachten, dass die beiden Vertreter von Real Madrid und Manchester United auf den Virtuous Circle des FC Barcelona verwiesen haben. Dieser illustriert den Zusammenhang von gesundem Wirtschaften und sportlichem Erfolg und zeigt auf einfache Art und Weise auf welcher strategischen Grundlage der FC Barcelona seine Entscheidungen trifft. Dass auch Real Madrid und Manchester United in ihrer Ausrichtung ähnlich vorgehen, lässt sich als bemerkenswertes Ergebnis dieser Arbeit festhalten. Es zeigt, dass drei europäische Spitzenclubs vom Grundsatz her eine ähnliche Strategie verfolgen. Diese Tatsache macht den Virtuous Circle zu einem geeigneten Modell, um die Internationalisierungsstrategien im Fußball realitätsnah darzustellen. In dem Modell wird deutlich, dass die beiden Dimensionen *sportlicher Erfolg* und *finanzielle Stärke* in einer Wechselbeziehung zueinander stehen, in der das Eine das Andere bedingt. Diese Frage wird zum Abschluss dieses Kapitels nochmals genauer diskutiert.

Neben der Bedeutung des Virtuous Circle für das Forschungsergebnis der Arbeit, haben sich bei den Experteninterviews auch weitere, interessante Aspekte gezeigt. So wurde im Zusammenhang mit der Auswahl der Zielmärkte deutlich, dass vor allem der internationale Fanmarkt im Rahmen der Internationalisierung eine wichtige Rolle einnimmt. Da der Fan im Ausland in der Regel weniger loyal gegenüber den europäischen Vereinen ist, ergeben sich hier für die Clubs besondere Herausforderungen. Diese werden nicht zuletzt an das Markenmanagement gestellt. Um auf ausländischen Märkten erfolgreich zu sein ist der Aufbau einer starken Marke nach Ansicht der drei Befragten ein absoluter Schlüsselfaktor. Nur eine starke Marke ermöglicht es den Vereinen die Fans nachhaltig an den Club zu binden und gleichzeitig höhere Umsätze in den drei Kernbereichen zu erzielen. Umgekehrt sind besonders die Medien dafür verantwortlich, eine Marke im Ausland erfolgreich zu positionieren. Daher wurde die Vermarktung über die Medien auch von allen drei Experten als das wichtigste Instrument bei der Internationalisierung genannt. Dies umfasst das traditionelle Medium Fernsehen, zunehmend aber auch neue Medien wie das Internet und Mobiltelefone. Im Sponsoring haben die Interviews gezeigt, dass globale Sponsoren zwar zusätzliche Einnahmen versprechen, dass gleichzeitig aber auch die Anforderungen an die Aktivierung von Sponsoring-Deals im Rahmen der Internationalisierung steigen. Im Merchandising geht es laut den Experten vor allem um die Frage wie der Handel mit gefälschten Trikots und anderen Artikeln unterbunden werden kann. Als weiteren wichtigen Erfolgsfaktor haben die Befragten die Bedeutung der Pre-Season-Tour hervorgehoben. Trotz immer besserer Möglichkeiten Spiele in das ausländische Fernsehen zu übertragen, bleibt die Präsenz der Clubs in den jeweiligen Ländern ein unersetzbarer Faktor.

Schließlich wurde in den Ergebnissen deutlich, dass die Internationalisierung von europäischen Fußballclubs immer noch relativ am Anfang ihrer Entwicklung steht. Dies war zum Einen anhand der Einschätzung der Vereine abzulesen, die sich selbst am Ende der Einführungsphase bzw. am Beginn der Wachstumsphase sehen. Zum Anderen ist die mangelnde Professionalität in der Erfolgsmessung ein weiterer Indikator. Diesbezüglich hat sich gezeigt, dass keiner der Vereine ansatzweise auf ein systematisches Controlling zurückgreift.

Zum Abschluss soll die Rolle der Wirtschaftlichkeit der Vereine diskutiert werden. Dabei ging es wie eingangs erwähnt, besonders um die Beziehung zwischen sportlichem Erfolg und finanzieller Stärke. Kurzfristig lässt sich der sportliche Erfolg im Fußball sicher auch ohne hohe Gewinne einstellen; langfristig ist dies aber kaum denkbar. Interessanter ist allerdings der umgekehrte Gedanke: Impliziert ein großes Bankkonto auch zwangsläufig den sportlichen Erfolg? Bislang konnte dies kaum unabhängig voneinander betrachtet werden, da der sportliche Erfolg der Hauptgrund für den Reichtum der Vereine war. Nun ändern sich jedoch die Spielregeln des internationalen Profifußballs, weil zunehmend private Investoren in den Markt strömen. Diese können innerhalb kürzester Zeit aus einem sportlich erfolglosen Team durch den Zukauf von Stars einen Topclub formen. Diese Rechnung ging beispielsweise im Fall von Roman Abramowitsch und dem FC Chelsea bereits auf: Der Londoner Verein hat sich innerhalb weniger Jahre von einem Durchschnittsteam zu einem der erfolgreichsten Fußballvereine der Welt entwickelt. Jüngstes Beispiel ist der Einstieg der Abu Dhabi United Group bei Manchester City. Im Gegensatz zum Stadtrivalen ManUtd. ist Manchester City nicht gerade vom Erfolg verwöhnt. Der letzte Meistertitel in England datiert aus dem Jahr 1968 und der einzige Titel auf internationaler Ebene war der Gewinn des Europapokal der Pokalsieger im Jahre 1970. Ob nur der Einkauf von teuren Stars die Mannschaft sportlich konkurrenzfähig macht bleibt abzuwarten. Im Rahmen dieser Arbeit ist der Fall Manchester City jedoch besonders in einer anderer Hinsicht spannend: Kann ein Verein wie Manchester City die Marke international so erfolgreich machen wie es z.B. Manchester United schon geschafft hat? In diesem Fall könnte argumentiert werden, dass für eine erfolgreiche Internationalisierung die Folgende Gleichung gilt: Geld = teure Stars = Titel gewinnen = mediales Interesse = mehr Fans. Weitere Überlegungen würden kaum eine Rolle spielen. Diese Arbeit kommt jedoch zu dem Ergebnis, dass dies nur bedingt richtig sein kann. Fußball ist und bleibt ein Spiel, das von Fans, Tradition und Emotionen lebt. Die Vereine FC Barcelona, Real Madrid und Manchester United haben Jahrzehnte gebraucht um eine wirklich starke Marke aufzubauen. Daher scheint es auf absehbare Zeit kaum realistisch, dass einem Verein wie Manchester City ähnliches gelingen könnte. Schlösser weist darauf hin, dass mit dem sportlichen Erfolg zwar auch das Ansehen kommt, dass Erfolg allein letztlich jedoch nicht ausreicht:

> „[...] Wenn die Erfolge kommen, dann kommt auch das internationale Interesse und Ansehen. Allerdings ist ein "zugekaufter Erfolg" in den Augen vieler Fans weniger sympathisch als ein langjährig erarbeiteter historischer Erfolg. [...] Heute (ist Chelsea)

> nach einigen Premier-League Titeln und gutem Abschneiden in der Champions League international unter den Top Clubs, wenn auch klar mit weniger "Sympathiewerten" als die eingestammten ManUtd, Liverpool und Arsenal. Es braucht also Zeit und Erfolge."
>
> (Schlösser, 2009, Experteninterview)

Es wird spannend zu beobachten sein, wie sich dieses Thema über die nächsten Jahre weiter entwickelt und ob die Frage nach den Erfolgsfaktoren der Internationalisierung dann anders beantwortet werden müsste.

# 5 Literaturverzeichnis

Aaker, D. (1994). Wie eine Markenpersönlichkeit erfolgreich aufgebaut wurde. *Harvard Business Manager*, Nr. 4, S. 28-39.

Adjouri, N. & Stastny, P. (2006). *Mit Sport-Sponsoring zum Markenerfolg.*Wiesbaden: Gabler.

Augustowsky, J. & Nold A. (2003). Einführung in Marketing und Markenführung. In D., Herbst (Hrsg.), *Der Mensch als Marke* (S. 26-44). Wiesbaden: Gabler.

Backhaus, K., Büschken, J. & Voeth, M. (2000). *Internationales Marketing.* Stuttgart: Schäfer Poeschel.

Barth, K & Grabow, J. (1998). Erfolgsfaktoren für die Internationalisierungvon Handelsunternehmen. Duisburg: Gesamthochschule Duisburg.

Beech, J. (2004). Introduction. In Beech, J., Chadwick, S. (Hrsg.), *The Business of Sport Management* (S. 3-24). Harlow: Prentice Hall.

Benner, G. (1992). *Riskmanagement im professionellen Sport.* Bergisch Gladbach 1: Josef Eul Verlag.

Berndt, R., Fantapie Altobelli, C. & Sander, M. (2003): *Internationales Marketing Management.* Berlin: Springer Verlag.

Berthold, N. (2006, Nr. 27). Warum verdienen Fußballspieler so viel Geld?. *Frankfurter Allgemeine Sonntagszeitung,* S. 54.

Bieling, M. (2005). *Internationalisierung von Marken.* Hamburg: Verlag Dr. Kovac.

Bock, M. (1992). Das halbstandardisierte-leitfadenorientierte Interview, Theorie und Praxis der Methode am Beispiel von Partnerinterviews. In Hoffmeyer -Zlotnik, J.H.P. (Hrsg.), *Analyse verbaler Daten.* (S. 90-109). Opladen: Westdt. Verlag.

Botta, V. (2002). Ganzheitliche Steuerung mittelständischer Unternehmen als Aufgabe des Controlling. *Kostenrechnungspraxis, Sonderheft 46,* S. 77-87.

Bruhn, M. & Wieland, T. (1988). *Sponsoring in der Bundesrepublik.* Arbeitspapier Nr. 10. Schloss Reichertshausen: European Business School, Institut für Marketing.

Bruhn M. (2004). *Handbuch Markenführung.* Wiesbaden: Gabler.

Bruhn, M. (2005). Internationalisierung von Dienstleistungen. Wiesbaden: Gabler.

Burton, R. & Howard, D. (1999). Professional sports leagues: Marketingmix mayhem. *Marketing Management, 8* (1), S. 36-46.

Corsten, H. (1990). Betriebswirtschaftslehre der Dienstleistungsunternehmen. München/ Wien.

Couvelaere, V. & Richelieu, A. (2005). Brand strategy in professional sports: The case of French Soccer Teams. *European Sport Management Quarterly, 5* (1), S. 23-46.

De Chernatony, L., Halliburton, C. & Bernath, R. (1995). International branding: Demand- or supply-driven opportunity?. *International Marketing Review, 12*(2), S. 9-21.

Deloitte (2005). Football Money League. The climbers and the sliders. Manchester.

Deloitte (2008). Football Money League. Gate Receipts. Manchester.

Deloitte (2009). Football Money League. Lost in Translation. Manchester.

Deutsche Fußball Bundesliga (DFB; 2007). *Rechts- und Verfahrensordnung.* Zugriff am 04.September 2009 unter http://www.dfb.de/uploads/media/07_RechtsVerfahrensordnung_03.pdf.

Deutsche Fußball Liga (DFL; 2004a). *o.T.*. Zugriff am 20. September 2009 unter http://www.bundesliga.de/de/sports_enterprises/index.php.

Deutsche Fußball Liga (DFL; 2004b). *o.T.*. Zugriff am 20. September 2009 unter http://www.bundesliga.de/de/dfl/interna/index.php.

Dietl, H. & Franck E. (2007, 07. Juli). Erfolgreiches Geschäftsmodell des FC Barcelona. *Neue Züricher Zeitung,* 18.

Dörnemann, J. (2002). Controlling für Profi-Sport-Organisationen. München: Vahlen.

Drees, N. (1992). *Sportsponsoring.* Wiesbaden: Dt. Univ.-Verl..

Dülfer, E. (2008). Internationales Management in unterschiedlichen Kulturbereichen. München: Oldenbourg.

Elter, V.C. (2003). Verwertung medialer Rechte der Fußballunternehmen. Berlin: Duncker & Humblot.

Erning, J. (2000). Professioneller Fußball in Deutschland - eine wettbewerbspolitische und unternehmensstrategische Analyse. Berlin: Universität Erlangen/ Nürnberg.

Ernst & Young (2005). Bälle, Tore und Finanzen II: Aktuelle Herausforderungen und Perspektiven im Profifußball. Essen.

Evanschitzky, H. (2003). *Erfolg von Dienstleistungsnetzwerken.* Wiesbaden: Gabler.

Fédération Internationale de Football Association (FIFA; 2007). *Die FIFA WM 2006 brach alle Übertragungsrekorde.* Zugriff am 15. August 2009 unter http://de.fifa.com/aboutfifa/marketing/news/newsid=111242.html.

Flick, U. (2000). *Qualitative Forschung.* Reinbeck: Rowohlt.

Friebertshäuser, B. (1997). Handbuch qualitative Forschungsmethoden in der Erziehungswissenschaft. Weinheim: Juventa Verlag.

Giger, H. (1994). Die Internationalisierung von Dienstleistungsunternehmungen. Giessen: Ferber.

Gustafson, R. (2001). Product brands look set to gain new advantage. Marketing. o.O.: Vinston Press.

Haas, O. (2002). *Controlling der Fußballunternehmen.* Berlin: Erich Schmidt.

Hartmann, H. (1972). Arbeit Beruf Profession. In T., Luckmann & W.M. Sprondel (Hrsg.), *Berufssoziologie* (36-52). Köln: Kiepenheuer & Witsch.

Harverson, P. (2009, 01. August). Clubs aim to exploit their brands. *Financial Times,* S. 32.

Heinemann, K. (1995). *Einführung in die Ökonomie des Sports.* Schorndorf: Hofmann.

Hesse, H. A. (1972). *Berufe im Wandel.* Stuttgart: Enke.

Hill, J. S. & Vincent, J. (2006). Globalisation and sports branding: the case of Manchester United. *International Journal of Sports Marketing & Sponsorship,* Mai, S. 213-230.

Hoeneß, S. (2003). *Teamsportvereine als Marken.* München: FGM.

Holt, D. B. (1995). How consumers consume: a typology of consumption practices. *Journal of Consumer* Research, 22 (1), S. 1-16.

Holt, M. (2007). Global success in sport: the effective marketing and branding of the UEFA Champions League. *International Journal of Sports Marketing & Sponsorship,* Oktober, S. 51-61.

Homburg, C. & Fassnacht, M. (1998): Wettbewerbsstrategien von Dienstleistungs-Anbietern. In A., Meyer (Hrsg.), *Handbuch Dienstleistungs-Marketing* (S. 47 65). Wiesbaden: Gabler.

Hortleder, G. (1978). Sport in der nachindustriellen Gesellschaft. Eine Einführung in die Sportsoziologie. Frankfurt: Suhrkamp.

Horvath, P. (2006). *Controlling.* München: Vahlen.

Hunnius, S. (2003). *Die Bundesliga 2003.* Zugriff am 11. August 2009 Unter www.strunzandfriends.de/gmbh/pdfs/fussballmarkt_bundesliga_2003.pdf.

Hutzschenreuter, T. (2009). Allgemeine Betriebswirtschaftslehre: Grundlagen mit zahlreichen Praxisbeispielen. Wiesbaden.

Jobst, A. (2009). Experteninterview am 19. Oktober in Oelde.

Jung, H. (2003). *Controlling.* Oldenburg: Wissenschaftsverlag.

Klett, C., Pivernetz, M. & Hauke, D. (1996). *Controlling - Praxis kleine und mittlere Unternehmen.* o.O.: NWB Verlag.

Klimmer, I. (2003). *Profifußballunternehmen an der Börse.* Bayreuth: Sportökonomie Uni Bayreuth.

Kotler, P., Armstrong, G., Saunders, J. & Wong, V. (2003): *Grundlagen des Marketing* (3. Aufl.). München: Pearson Studium.

Kotler, P. & Bliemel, F. (2007). *Marketing-Management: Analyse, Planung, Umsetzung und Steuerung* (12. Aufl.). München: Pearson Studium.

Köhler, L. (1995). Die Internationalisierung produzentenorientierter Dienstleistungsunternehmen (2. Aufl.). Hamburg: Kovac.

Kuczera, M. (2004). Die Vermarktung von Übertragungsrechten im Fußball nach deutschem Recht und nach europäischem Kartellrecht. München: Verlag C.H. Beck.

Kutschker, M. & Schmid, S. (2002). *Internationales Management.* München: Oldenbourg.

Lewis, C. & Stubbs, S. (1999). National expansion of British regional brands: Parallels with Internationalisation. *Journal of Product and Brand Management,* 8 (5), S. 369-384.

Macharzina, K. (2003). *Unternehmensführung*. Wiesbaden: Gabler.

Malatos, A. (1988). Berufsfußball im europäischen Rechtsvergleich. Kehl: Engel.

Mason, K. (2005). How corporate sport sponsorship impacts consumer behavior. *The Journal of The American Academy of Business, 7* (4), S. 32-42.

Mauer, R. & Schmalhofer, A. (2001). Analyse und Herstellung der Kapitalmarktreife von Profi-Fußballvereinen und Alternativen der Kapitalmarktfinanzierung. In J., Sigloch & C., Klimmer (Hrsg.), *Unternehmen Profifußball - vom Sportverein zum Kapitalmarktunternehmen* (S. 39-57). Wiesbaden: Dt. Univ.- Verlag.

Meffert, H. (1989). Globalisierungsstrategien und ihre Umsetzung im internationalen Wettbewerb. *Die Betriebswirtschaft, 49. Jg.* (Nr. 4), S. 445-463.

Meffert, H. (1992). Strategien zur Profilierung von Marken. In E., Dichtl & W., Eggers (Hrsg.), *Marke und Markenartikel als Instrument des Wettbewerbs.* (S. 120- 153). München: Dt. Taschenbuchverlag.

Meffert, H. & Bolz, J. (1998). *Internationales Marketing-Management* (3. Aufl.). Stuttgart: Kohlhammer

Meffert, H. (2000). Internationalisierungskonzepte im Dienstleistungsbereich - Bestandsaufnahmen und Perspektiven. In C., Belz & T., Bieger (Hrsg.), *Dienstleistungskompetenz und innovative Geschäftsmodelle* (S. 504-441). St. Gallen.

Meffert, H. (2000). Marketing - Grundlagen marktorientierter Unternehmensführung. Konzepte - Instrument - Beispiele. Wiesbaden: Gabler.

Meffert, H. & Bruhn, M. (2003). Dienstleistungsmarketing: Grundlagen -

*Konzepte – Methoden* (4. Aufl.). Wiesbaden: Gabler.

Meffert, H. & Bruhn, M. (2009). *Dienstleistungsmarketing: Grundlagen – Konzepte – Methoden* (6.Aufl.). Wiesbaden: Gabler.

Meissner, H. G. & Gerber, S. (1980*). Die Auslandsinvestition als Entscheidungsproblem* (Betriebswirtschaftliche Forschung und Praxis, Bd. 32). Stuttgart.

Merten, K. & Teipen, P. (1991). *Empirische Kommunikationsforschung.* München: Ölschläger.

Meyer, A. (1996). Grundsatzfragen und Herausforderungen im Dienstleistungsmarketing. Wiesbaden: Gabler.

Milligan, A. (2006). *Brand it like Beckham.* Bonn: Verlag interna.

Müller, S. & Kornmeier, M. (2002). *Strategisches internationales Management.* München: Vahlen.

O'Farrell, P., Scheuer, M. & Schmidt, M. (1999). *Internationalisierung von Unternehmensdienstleistungen.* Essen: RWI.

Opitz, J. (2003). Kapitalgesellschaften im Profi-Fußball. Marburg: Shaker.

o.V., (2005). o.T. *Sport+Mode, Ausg. 11,* S. 21.

o.V., (2007). *952 Millionen für Auslandsrechte an der Premier League.* Zugriff am 18. September 2009 unter http://www.focus.de/sport/fussball/int_ligen/fussball-england-952millionen-fuer-auslandsrechte-an-premier-league_aid_293895.html.

Pausenberger, E. (1992): Internationalisierungsstrategien industrieller Unternehmungen. In E., Dichtl & O., Issing (Hrsg.), *Exportnation Deutschland.* München.

Perlmutter, H. (1969). The Tortuous Evolution of the Multinational Corporation. *Columbia Journal of World Business Review* (Vol.3), S. 9-18.

Pilot (2007). Sponsor Visions 2007. Sponsoring im Fokus der Unternehmen und Agenturen. Hamburg

Porter, M. E. (1986). *Competition in Global Industries.* Boston: Harvard Business School Press.

Porter, M. E. (1990). *The Competitive Advantage of Nations.* New York: Free Press.

Pürer, H. (1998). Einführung in die Publizistik: Systematik, Fragestellungen, Theorieansätze, Forschungstechniken. Konstanz: UVK Medien.

Richelieu, A. (2004). Building the brand equity of professional sports teams. In B. Pitts (Hrsg.), *Sharing Best Practices in Sport Marketing.* (3-21). Morgantown: Fitness Information Technology Publishers.

Richelieu, A. & Pons F. (2006). Toronto Maple Leafs vs Football Club Barcelona how two legendary sports teams built their brand equity. *International Journal of Sports Marketing & Sponsorship* (Mai), S. 231-245.

Rohlmann, P. (2000). Fußball-Aktien als neue Fanartikel?. *Going Public Neuemmissionsmagazin* (4. Sonderausgabe.), S. 73-75.

Rohlmann, P. (2005). Fakten und Hintergründe zum Sportmerchandising im Fußball. Rheine: PR Marketing.

Ruge, H.-D. (2001). Aufbau von Markenbildern. Wiesbaden: Gabler.

Sattler, H. (2001). Markenpolitik. Stuttgart: Poeschel.

Schanz, K. U. (1995). Export, Lizenzvergabe oder Direktinvestition? : eine wirtschaftstheoretische Analyse unternehmerischer Internationalisierungsstrategien vor dem Hintergrund der neuen WTO-Welthandelsordnung. Chur: Rügger.

Scheuch, F. (1982). *Dienstleistungsmarketing*. München: Vahlen.

Schewe, G. & Littkemann, J. (2002). Sportmanagement. Der Profi-Fußball aus sportökonomischer Perspektive. Schorndorf: Karl Hofmann.

Schlösser, D. (2009). Experteninterview am 22. September in Oelde.

Schütz, S. (2006). *David Beckham – Sportler oder Popstar?. Eine medienökonomische Analyse.* Magisterarbeit. Göttingen: Georg-August-Universität, Institut für Sportwissenschaften.

Sigloch, J. & Klimmer, C. (2001). *Unternehmen Profifußball.* Wiesbaden: Dt. Univ. - Verl.

Sportfive (2004). *Fussballstudie 2004.* Hamburg.

Steenkamp, J., Batra, R. & Alden, D.L. (2003). "How perceived brand globalness creates brand value?". *Journal of International Business Studies,* 34 (1), S. 53-65.

Stylsvig, C. (2009). Experteninterview am 27. September in Oelde.

Süßmilch, I. (2002). Die Entwicklung auf dem deutschen Fußballmarkt. In WGZ-Bank (Hrsg.), *FC Euro AG,* Düsseldorf, S. 49-73.

Süßmilch, I. (2004). Fußball und Finanzen. In WGZ-Bank (Hrsg.), *FC Euro AG,* Düsseldorf S. 54-63.

Swieter, D. (2002). *Die ökonomische Analyse der Fußball-Bundesliga.* Berlin: Duncker & Humblot.

Teichmann, K. (2007). Strategie und Erfolg von Fußballunternehmen. Wiesbaden: Gabler.

Troisen, G. (1994). Die Sportbranche – Wachstum, Wettbewerb, Wirtschaftlichkeit. Frankfurt: Suhrkamp.

Trommsdorff, V. (1990). Erfolgsfaktorenforschung, Produktinnovation und Schnittstelle Marketing – F&E. Berlin.

UPC, (2006). *Pan European Survey 2006. Role of TV.* Zugriff am 29. Oktober 2009 unter http://www.cablecom.ch/51535_upc_graphs_all_countries.pdf.

Vahrenkamp, R. (2004). *Produktionsmanagement.* Oldenburg: Wissenschaftsverlag.

Van Gelder, S. (2004). „Global brand strategy". *Journal of Brand Management,* 12 (1), S. 39-48.

Wahle, P. (1991). Erfolgsdeterminanten im Einzelhandel: eine theoriegestützte, empirische Analyse strategischer Erfolgsdeterminanten, unter besonderer Berücksichtigung des Radio- und Fernsehfachhandels. Frankfurt a.M.: Lang.

Weggel, O. (1989). *Die Asiaten,* München: C.H. Beck.

Welge,M. (1980). Management in deutschen multinationalen Unternehmen. Stuttgart: Poeschel.

Welge, H. & Holtbrügge, G. (2003). *Management multinationaler Unternehmungen.* Heidelberg: Physica-Verlag.

Wehrheim, M. (Hrsg.) (2005). *Marketing der Fußballunternehmen.* Berlin: Schmidt.

WGZ-Bank (2004). *FC €uro AG.* Düsseldorf.

Wiese, L. (1955). *System der Allgemeinen Soziologie.* Berlin: Duncker & Humblot.

Woratschek, H. (1999). Dienstleistungsqualität im Sport. In H.D. Horch, J.,Heydel & A., Sierau (Hrsg.), *Professionalisierung im Sportmanagement: Beiträge des 1. Kölner Sportökonomie Kongress* (S. 196-219). Aachen: Meyer & Meyer.

Woratschek, H. (2002): Theoretische Elemente einer ökonomischen Betrachtung von Sportdienstleistungen. *Zeitschrift für Betriebswirtschaft,* (4/2002), S.1-21.

Wöhe, G. (2008). Einführung in die allgemeine Betriebswirtschaftslehre. München: Vahlen.

Zacharias, E. (1999). Going Public einer Fußball-Kapitalgesellschaft. Bielefeld: Schmidt.

Zieschang, H., Woratschek, K. & Beier, K. (2004). *Kooperenz im Sportmanagement.* Schorndorf : Hofmann.

Zeitfracht Medien GmbH
Ferdinand-Jühlke-Straße 7
99095 Erfurt, Deutschland
produktsicherheit@kolibri360.de